黑龙江
内蒙古自治区
长春
吉林
沈阳
辽宁
朝鲜
北京市
呼和浩特
大连
恒山
渤海
首尔
河北
天津市
银川
太原
石家庄
韩国
山西
济南
泰山
青岛
延安
山东
黄海
日本
陕西
黄河
嵩山
郑州
江苏
西安
华山
河南
合肥
南京
太湖
上海市
无锡
苏州
安徽
湖北
武汉
杭州
黄山
长江
绍兴
宁波
浙江
庐山
重庆市
鄱阳湖
洞庭湖
东海
南昌
长沙
江西
湖南
贵州
衡山
福州
福建
贵阳
台北
北回帰線
桂林
台中
台湾
厦门
台湾海峡
台南
广西壮族自治区
广东
高雄
广州
南宁
西江
深圳
澳门
香港
东莞
海口
南海
海南
0
400
800km
40°
135°
35°
30°
25°
130°
20°
110°
115°
120°
125°

中国語基本単語帳

増補版

尹景春・宇野和夫・小川利康・中村みどり［編著］

朝日出版社

Web学習サイト

http://text.asahipress.com/free/ch/kihontango/website2/

音声ダウンロード

音声再生アプリ「リスニング・トレーナー」新登場（無料）

朝日出版社開発のアプリ、「リスニング・トレーナー（リストレ）」を使えば、教科書の音声をスマホ、タブレットに簡単にダウンロードできます。どうぞご活用ください。

まずは「リストレ」アプリをダウンロード

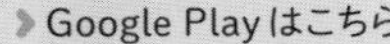

› App Storeはこちら

› Google Playはこちら

アプリ【リスニング・トレーナー】の使い方

❶ アプリを開き、「**コンテンツを追加**」をタップ

❷ QRコードをカメラで読み込む

❸ QRコードが読み取れない場合は、画面上部に 45395 を入力し「Done」をタップします

Webストリーミング音声

http://text.asahipress.com/free/ch/kihontango02/

まえがき

外国語学習において基本単語の習得は極めて重要である。

とりわけ中国語では、その言語的特性たる声調に習熟し、基本文型を習得するため、基本単語の習熟が欠かせない。本書はHSK大綱（2015年版）1～4級単語（1200語）および中国語検定協会準4級、4級、3級レベルの常用語彙を参照しつつ、著者の勤務校での教学経験を踏まえ、中国語初中級で必須となる単語を厳選した。同時に変貌著しい現代中国社会に必要な単語を巻末付録に収録した。

学習の便宜を考慮して、「初級単語」（学部1年次相当）約600語、中級単語（学部2年次相当）約900語に分け、段階を追って勉強できるようにした。重要文法事項を整理した附録を含めれば1500語を超える。HSKなら4級相当、中国語検定なら3級に相当し、中国人との最低限の意思疎通には困らないだろう。国内外を問わず、私たちは日常的に中国人と接する機会がある。文化的差異に起因する種々の誤解を避けるためにも本書レベルの基本単語の習得が望まれる。

コロナ禍で教育現場は否応なしにオンライン教育への対応を迫られたが、喉元過ぎれば熱さを忘れた感がある。だが、今こそ辛苦の経験を生かし、出遅れていた教育のデジタル化を推進すべきだ。中国語学習の効率向上を図るためにも手軽なデジタルデバイスであるスマートフォンの活用は必須である。本書は、紙版だけでなく、デジタル版も提供している。ウェブ版『中国語基本単語帳』（iPhone、Android対応）では、紙媒体では不可能だった学習機能を提供している。音声つきで単語と例文をスマートフォンで学習できるだけでなく、学習履歴を記録し、習熟度チェックも可能なので、ポスト・コロナのオンライン教育支援ツールとしても活用してほしい。

今回、一部必要な修正を施し、改めて小著を世に送り出すことになった。引き続き担当の中西陸夫氏には細やかなご配慮をいただいた。日中関係が複雑化するなかで、中国を正しく理解するために、皆さまのためにお役に立てることを願ってやまない。

2023年　秋

尹景春、宇野和夫、小川利康、中村みどり

本書の使い方

本書は中国語学習に必須となる単語1500を初級、中級のレベルに分け、それぞれ品詞ごとに分類した基本単語帳です。単語数の多い名詞と動詞についてはさらに内容分類を行い、分類項目ごとに音源を用意しました。本書の発音表記は『現代漢語詞典』第6版（2012年）に準拠し、現在通行の一般的表記に従っています。

例文は熟慮のもとに厳選されたものです。無駄な例文は1つもありませんので、すべて暗記してください。冊子版だけでも学習できるよう配慮してありますが、デジタル版を利用すればより高い学習効果が期待できますので、是非ご利用下さい。初級単語付録として掲げた「動作のアスペクト」では初級文法で最も重要な動作のアスペクトを一覧としてまとめました。中国語を使いこなすために必須の事項ですので、例文を暗記しましょう。

中級単語付録として掲げた「常用補語」、「重要構文」に収める例文は中級レベルの学習上、非常に重要です。文法学習、作文演習の際に利用してください。

巻末付録として「日本都道府県名」、「中華人民共和国主要地名」、「世界主要国名・地名」、「インバウンド向け日本常用地名」を掲げました。日本を訪れる中国人と接する機会があれば役に立つものです。「IT用語」は現在の中国社会を理解するうえで必須となる用語が多数含まれています。中国を訪れる機会があれば必要になります。いずれも折に触れて覚えてゆきましょう。

略記号一覧：本書で以下の記号を用いています。

［名］名詞　［動］動詞　［形］形容詞　［介］介詞（前置詞）　［副］副詞
［形］形容詞　［接］接続詞　［助］助詞　［方］方言　［参］参考
［略］略語　［異］異読（多音字）の発音　［対］対義語　［書面］書面語
［口語］口語　【　】名詞に用いる量詞　（儿）省略可能な接尾辞
// 離合詞の切れ目

目次

初級単語

600語

001

●代詞・人称代詞

	語	意味	レベル	例
1	别人 biéren	他人、よそ様	H3	帮助别人 bāngzhù biéren 人を助ける
2	大家 dàjiā	みんな、みなさん	H2 中準4	
3	自己 zìjǐ	①自分(で) ②親しい	H3 中準4	自己人 zìjǐrén 身内

人称代詞一覧

	単数			複数	
一人称	我 wǒ わたし			我们 wǒmen 私たち	咱们 zánmen (聞き手も含む)私たち
二人称	你 nǐ 君、あなた	您 nín あなた(敬称)		你们 nǐmen 君たち、あなたたち(敬称含む)	
三人称	他 tā 彼	她 tā 彼女	它 tā それ(物・動物)	他们 tāmen 彼ら	她们 tāmen 彼女たち

●代詞・指示代詞

	語	意味	レベル	例
4	这 zhè	これ	H1 中準4	
5	这个 zhège/zhèige	これ、この		
6	这里 zhèli	ここ		
7	这么 zhème	このように、こんなに		这么好吃的菜 zhème hǎochī de cài こんなにおいしい料理

8	这儿 zhèr	ここ H1	
9	这些 zhèxiē	これら	
10	这样 zhèyàng	こんな、このように	请这样做 qǐng zhèyàng zuò こうしてください
11	那 nà	①あれ ②それじゃ(那么とも) H1	那，怎么办? nà, zěnme bàn? それじゃ、どうする?
12	那个 nàge/nèige	あれ、あの	
13	那里 nàli	あそこ	
14	那么 nàme	①あんなに ②それじゃ	没有那么多时间 méiyǒu nàme duō shíjiān そんなに多くの時間はない 那么，再见 nàme, zàijiàn それじゃ、さようなら
15	那儿 nàr	あそこ H1	
16	那些 nàxiē	あれら	
17	那样 nàyàng	あんな、あのように	他也那样说 tā yě nàyàng shuō 彼もそう言っています

004

●代詞・疑問代詞・疑問詞

18	哪 nǎ	どれ H1	
19	哪个 nǎge/něige	どれ、どの	哪个好? nǎge hǎo? どれがいい?

20	哪里 nǎli	どこ（実際はnáliと発音）	
21	哪儿 nǎr	どこ H1	
22	哪些 nǎxiē/něixiē	どれ（複数）	
23	多 duō	どれだけ（多+［形］） H1 中準4	你今年多大？ 要多长时间？ nǐ jīnnián duō dà? yào duō cháng shíjiān? 君は今年何歳ですか？ どれくらい時間がかかりますか？
24	多少 duōshao	いくら、どれくらい H1 中準4	多少钱？ duōshao qián? いくらですか？
25	几 jǐ	いくつ（10未満） H1 中準4	你有几个孩子？ nǐ yǒu jǐ ge háizi? 君は子どもが何人いますか？

005

●代詞・指示代詞

26	每 měi	それぞれ、一つ一つ、～ごとに H2	每个人都不一样 měi ge rén dōu bù yíyàng 人それぞれだ

006

●代詞・疑問代詞、疑問詞

27	谁 shéi/shuí	だれ H1 中準4	
28	什么 shénme	なに、どんな H1 中準4	你吃什么菜？ nǐ chī shénme cài? 君はどんな料理を食べますか？
29	什么时候 shénme shíhou	いつ	
30	为什么 wèishénme	なぜ、どうして H2	为什么这么慢？ wèishénme zhème màn? なぜこんなに遅いのですか？

31	怎么 zěnme	①どのように(方法) ②どうして(原因・理由) H1 中準4	到车站怎么走? dào chēzhàn zěnme zǒu? 駅までどうやって行きますか?
32	怎么样 zěnmeyàng	どうですか [参]書面語では怎样 H1	你身体怎么样? nǐ shēntǐ zěnmeyàng? 体の具合はどうですか?

007

●数詞

33	零 líng	0 H2	
34	一 yī	1 H1	
35	二 èr	2 H1	二月 èr yuè 2月
36	两 liǎng	2 H2	两个月 liǎng ge yuè 2ヶ月
37	三 sān	3 H1	
38	四 sì	4 H1	
39	五 wǔ	5 H1	
40	六 liù	6 H1	
41	七 qī	7 H1	
42	八 bā	8 H1	

No.	単語	意味	級	例
43	九 jiǔ	9	H1	
44	十 shí	10	H1	
45	百 bǎi	100	H2	一百 yì bǎi 100　两百（二百） liǎng bǎi (èr bǎi) 200
46	千 qiān	1000	H2	一千 yì qiān 千　两千 liǎng qiān 2千
47	万 wàn	10000	H3	一万 yí wàn 1万　两万 liǎng wàn 2万
48	亿 yì	100000000	H5	一亿 yí yì 1億　两亿 liǎng yì 2億
49	第一 dìyī	第一、最初	H2	第一个人 dìyī ge rén 最初の人

008

●数量表現

No.	単語	意味	級	例
50	一点儿 yìdiǎnr	少し、ちょっと（モノが少し）［参］動詞·形容詞·这么·那么の後に置く場合は"一"を省略できる。	H1 中準4	喝（一）点儿水 hē (yì) diǎnr shuǐ 水をちょっと飲む
51	一会儿 yíhuìr/yìhuǐr	少しの間、ちょっと（時間が少し）	H3 中準4	休息一会儿 xiūxi yíhuìr ちょっと休む
52	一下 yíxià	ちょっと（～をする）（動作が少し）	H2 中準4	等一下 děng yíxià ちょっと待つ
53	一些 yìxiē	①いくつか、いくらか（不定の数量） ②（数量が）少し	中3	教室里有一些学生 jiàoshìli yǒu yìxiē xuésheng 教室に学生が数名いる

009

●量詞・単位　(1)名量詞

No.	語	意味	レベル	例
54	把 bǎ	本(柄や取っ手のある器物など)	H3 中準4	两把雨伞 liǎng bǎ yǔsǎn 雨傘2本
55	杯 bēi	杯(容器類)	中準4	两杯水 liǎng bēi shuǐ 水2杯
56	本 běn	冊(書籍類)	H1 中準4	两本书 liǎng běn shū 本2冊
57	场 chǎng	回、本(映画や試合などの上演・実施回数)	H4 中4	看了一场电影 kànle yì chǎng diànyǐng 映画を1本見た
58	朵 duǒ	輪(花など)	H5	两朵花 liǎng duǒ huā 花2輪
59	封 fēng	通(封入されたもの)	中準4	写两封信 xiě liǎng fēng xìn 手紙を2通書く
60	个 ge	個(広く個体について、抽象的なものにも)	H1 中準4	一个人 yí ge rén 1人　两个问题 liǎng ge wèntí 問題2つ
61	家 jiā	軒(商店や企業など)	中準4	一家商店 yì jiā shāngdiàn 商店1軒
62	件 jiàn	着、件(服や用事など)	H2 中準4	一件衣服 yí jiàn yīfu 上着1着
63	节 jié	コマ(授業など区切りのあるもの)	H4 中準4	两节课 liǎng jié kè 授業2コマ
64	口 kǒu	人(家族などの人数)	H3 中準4	四口人 sì kǒu rén 家族4人
65	块 kuài	個、枚(塊状のもの)→[名]通貨・単位	H1 中4	两块手表 liǎng kuài shǒubiǎo 腕時計2本

No.	語	意味	級	例
66	辆 liàng	台（車など）	H3 中準4	四辆汽车 sì liàng qìchē 自動車4台
67	瓶 píng	本（瓶類）	中準4	两瓶啤酒 liǎng píng píjiǔ ビール2本
68	双 shuāng	組（対になるもの）	H3 中準4	两双筷子 liǎng shuāng kuàizi 箸2膳
69	台 tái	台（機械類）	H4 中3	两台电视 liǎng tái diànshì テレビ2台
70	条 tiáo	本、着、匹（細長い物やある種の動物）	H3 中準4	一条裙子 yì tiáo qúnzi スカート1着　一条鱼 yì tiáo yú 魚1匹
71	碗 wǎn	碗（碗状のもの）	H3 中準4	三碗饭 sān wǎn fàn ご飯3膳
72	位 wèi	名（敬意を示す対象）	H3 中準4	四位老师 sì wèi lǎoshī 先生4名
73	张 zhāng	枚、個（広い表面のあるもの）	H3 中準4	六张桌子 liù zhāng zhuōzi テーブル6卓
74	枝（支） zhī	本（棒状のもの）	中準4	八枝铅笔 bā zhī qiānbǐ 鉛筆8本
75	只 zhī	匹（動物・器具など）→［異］只zhǐ	H2 中準4	两只猫 liǎng zhī māo 猫2匹
76	种 zhǒng	種類（人や事物など）	H3 中準4	两种办法 liǎng zhǒng bànfǎ 2種類の方法

010

●量詞・単位　(2)動量詞

77 遍 biàn
回、遍(動作の最初から最後までを強調)
H4 中準4
看两遍小说
kàn liǎng biàn xiǎoshuō
小説を2遍読む

78 次 cì
回
H2 中準4
去一次北京
qù yí cì Běijīng
北京に1度行く

011

●量詞・単位　(3)単位

79 米 mǐ
メートル
H3

012

人民元の単位

	1	0.1	0.01
書面語	元 yuán	角 jiǎo	分 fēn
口　語	块 kuài	毛 máo	

两毛 liǎng máo (2角)
两块二毛 liǎng kuài èr máo (2元2角)
十块(零)二毛 shí kuài (líng) èr máo (10元2角)
二十二块零五分 èrshi'èr kuài líng wǔ fēn (22元5分)
*途中の位(一の位と角)が欠落する場合ゼロを入れて読む

013

●方位・場所

80 左右 zuǒyòu
左右、(概数)前後、～ぐらい
H4 中4
几点左右到家?
jǐ diǎn zuǒyòu dào jiā?
何時頃、家に着くの?

方位詞

东边 dōngbian 東	南边 nánbian 南	西边 xībian 西	北边 běibian 北
前边 qiánbian (前面 qiánmian) 前	后边 hòubian (后面 hòumian) 後	上边 shàngbian (上面 shàngmian) 上	下边 xiàbian (下面 xiàmian) 下
左边 zuǒbian 左	右边 yòubian 右	里边 lǐbian (里面 lǐmian) 内、なか	外边 wàibian (外面 wàimian) 外
中间 zhōngjiān まんなか、中央	对面 duìmiàn ①真向かい、向かい側 ②真正面、向こう	旁边 pángbiān かたわら、そば、横	附近 fùjìn 付近の、近くの

里边有什么? lǐbian yǒu shénme? (なかになにがありますか?)
大学里有食堂 dàxuéli yǒu shítáng (大学には食堂がある)
邮局在医院对面 yóujú zài yīyuàn duìmiàn (郵便局は病院の向かい側にある)
他家旁边有一家面包店 tā jiā pángbiān yǒu yì jiā miànbāo diàn (彼の家の隣にパン屋がある)
我家附近没有邮局 wǒ jiā fùjìn méiyǒu yóujú (私の家の付近に郵便局がない)

●名詞　(1)人・家族・職業

81	先生 xiānsheng	①(男性に対する敬称)~さん ②(人称代詞をつけて)人の夫・自分の夫の呼称 H1 中準4	你先生 nǐ xiānsheng お宅のご主人
82	太太 tàitai	(その夫の姓か人称代名詞をつけて)家内、奥さん	王太太 Wáng tàitai 王さんの奥さん
83	老家 lǎojiā	故郷、実家、原籍地 中4	
84	名字 míngzi	名前 H1 中準4	

No.	単語	意味	例
85	朋友 péngyou	友人、友達 [参]朋友の前に男nán、女nǚをつけると恋人を意味する H1 中準4	你有几个中国朋友? nǐ yǒu jǐ ge Zhōngguó péngyou? 君には中国人の友達が何人いますか?
86	人 rén	①人間、人 ②(不特定の人)ある人、だれか H1 中準4	有人吗? yǒu rén ma? だれかいますか?
87	小姐 xiǎojie	(若い女性への敬称)～さん(実際はxiáojieと発音) H1 中準4	王小姐 Wáng xiǎojie 王さん
88	服务员 fúwùyuán	(ホテル、レストランの)従業員、店員 H2 中準4	
89	老师 lǎoshī	先生、教師 H1 中準4	
90	师傅 shīfu	(運転手など職人への尊称)親方、師匠 H4 中準4	
91	司机 sījī	運転手 H3 中準4	
92	学生 xuésheng	学生 H1 中準4	
93	医生 yīshēng	医者 H1 中準4	
94	职员 zhíyuán	職員 中4	公司职员 gōngsī zhíyuán 会社員

016

親族名称一覧

爷爷 yéye おじいさん	奶奶 nǎinai おばあさん	老爷 lǎoye おじいさん (南方)外公	姥姥 lǎolao おばあさん (南方)外婆 wàipó
爸爸 bàba お父さん	父亲 fùqin 父*	妈妈 māma お母さん	母亲 mǔqin 母*

哥哥 gēge 兄	弟弟 dìdi 弟	我 wǒ わたし	爱人 àiren 配偶者	姐姐 jiějie 姉	妹妹 mèimei 妹

儿子 érzi 息子	女儿 nǚ'ér 娘	孩子 háizi 子ども**

*爸爸、妈妈は両親への呼びかけに用い、父亲、母亲は他人の前で両親に言及する際に用いる。

**孩子は自分の子女だけでなく、他人の子どもの呼びかけにも用いる。

017

●名詞　(2)日常生活

95 □	包 bāo	【个】袋、バッグ、かばん H3 中準4	钱包 qiánbāo 財布 书包 shūbāo 学生かばん 手提包 shǒutíbāo ハンドバッグ
96 □	报纸 bàozhǐ	【张】新聞、新聞紙 H2 中準4	看报纸 kàn bàozhǐ 新聞を読む
97 □	杯子 bēizi	【个】コップ H1 中準4	
98 □	电脑 diànnǎo	【台】コンピュータ、パソコン H1 中準4	用电脑 yòng diànnǎo パソコンを使う

No.	単語	意味	級	例
99	电视 diànshì	【台】テレビ	H1 中準4	开电视 kāi diànshì テレビをつける
100	电影 diànyǐng	【个、部】映画 ［参］电影院diànyǐngyuàn 映画館	H1 中準4	看电影 kàn diànyǐng 映画を見る
101	东西 dōngxi	品物	H1 中準4	买东西 mǎi dōngxi 買い物をする
102	价钱 jiàqian	値段、価格 ［参］書面語では价格jiàgé	中3	价钱很便宜 jiàqian hěn piányi 値段が安い
103	筷子 kuàizi	【双】箸	H3 中準4	拿筷子 ná kuàizi 箸をつける（食べる）
104	裤子 kùzi	【条】ズボン	H3 中準4	这条裤子太长了 zhè tiáo kùzi tài cháng le このズボンは長すぎる
105	毛衣 máoyī	【件】セーター	中準4	妈妈做的毛衣 māma zuò de máoyī お母さんが作ったセーター
106	皮鞋 píxié	【双】皮靴	中準4	穿皮鞋 chuān píxié 皮靴を履く
107	钱 qián	お金	H1 中準4	
108	裙子 qúnzi	【条】スカート	H3 中準4	这条裙子太短了 zhè tiáo qúnzi tài duǎn le このスカートは短すぎる
109	手表 shǒubiǎo	【块】腕時計	H2 中準4	戴手表 dài shǒubiǎo 腕時計をつける
110	天气 tiānqì	天気	H1 中準4	天气怎么样? tiānqì zěnmeyàng? 天気はどうですか?
111	现金 xiànjīn	現金、キャッシュ	H4	付现金 fù xiànjīn 現金を払う

112	衣服 yīfu	【件】服(特に上着) H1 中準4	
113	椅子 yǐzi	【把】(背もたれのある)椅子 H1 中準4	坐椅子 zuò yǐzi 椅子に座る
114	雨伞 yǔsǎn	【把】雨傘 H3 中準4	打雨伞 dǎ yǔsǎn 傘をさす
115	照相机 zhàoxiàngjī	【台】カメラ H3 中準4	
116	桌子 zhuōzi	【张】机、テーブル H1 中準4	

018

●名詞 (3)食物

117	早饭 zǎofàn	朝食 中準4	
118	午饭 wǔfàn	昼食 中準4	
119	晚饭 wǎnfàn	夕食 中準4	
120	包子 bāozi	(肉、野菜などが入った)まんじゅう、中華まん H4 中4	
121	菜 cài	おかず、料理 H1 中準4	做菜 zuò cài 料理を作る
122	炒饭 chǎofàn	チャーハン 中準4	做炒饭 zuò chǎofàn チャーハンを作る
123	点心 diǎnxin	①お菓子 ②軽食 [参]点心は広東語に由来する H5 中準4	给我做点心吧 gěi wǒ zuò diǎnxin ba 私にお菓子を作ってください

No.	単語	意味	級	例
124	饭 fàn	【碗】食事、ご飯 [参]米饭mǐfàn(米の)ご飯	H1 中準4	做饭 zuò fàn 食事を作る
125	饺子 jiǎozi	(水)ギョーザ	H4 中準4	包饺子 bāo jiǎozi ギョーザを作る
126	鸡蛋 jīdàn	(ニワトリの)卵	H2 中準4	炒鸡蛋 chǎo jīdàn 卵を炒める
127	面包 miànbāo	【块】パン	H3 中準4	
128	面条 miàntiáo	【碗】めん類(ラーメン、焼きそばなど)	H3 中準4	
129	味道 wèidao	味[方]におい	H4 中準4	味道怎么样? wèidao zěnmeyàng? 味はどうですか?
130	小吃 xiǎochī	軽食 [参]点心と同義	H4	小吃店 xiǎochīdiàn 軽食店
131	白菜 báicài	白菜	中4	
132	苹果 píngguǒ	【个】リンゴ	H1 中準4	
133	蔬菜 shūcài	野菜	H5 中準4	
134	水果 shuǐguǒ	果物	H1 中準4	
135	西瓜 xīguā	【个,块】スイカ	H2 中準4	
136	茶 chá	【杯】お茶	H1 中準4	喝茶 hē chá 茶を飲む

No.	単語	意味	レベル	例
137	红茶 hóngchá	紅茶	中準4	
138	花茶 huāchá	ジャスミンティー	中準4	
139	咖啡 kāfēi	コーヒー	H2 中準4	
140	可乐 kělè	コーラ→[異]音乐yīnyuè	中準4	
141	牛奶 niúnǎi	牛乳	H2 中準4	
142	啤酒 píjiǔ	【瓶,杯】ビール	H3 中準4	
143	水 shuǐ	水	H1 中準4	凉开水 liáng kāishuǐ 湯冷まし

019

●名詞　(4)動植物

No.	単語	意味	レベル	例
144	动物 dòngwù	動物 [参]动物园 dòngwùyuán 動物園、宠物 chǒngwù ペット	H3 中準4	
145	花(儿) huā(r)	【朵】花	H3 中準4	送你九十九朵花儿 sòng nǐ jiǔshijiǔ duǒ huār 君に99本の花をプレゼントする
146	狗 gǒu	【条,只】イヌ	H1 中準4	那条狗是谁的? nà tiáo gǒu shì shéi de? あのイヌはだれのですか?
147	猫 māo	【只】ネコ	H1 中準4	
148	熊猫 xióngmāo	【只】パンダ	H3 中準4	大熊猫 dà xióngmāo ジャイアントパンダ

149 **鱼** yú	【条】魚 H2 中準4	什么鱼最好吃？ shénme yú zuì hǎochī? どんな魚が一番おいしいですか？

020

●名詞 (5)教育・文化

150 **爱好** àihào	趣味 H3 中準4	你有什么爱好？ nǐ yǒu shénme àihào? 趣味はなんですか？
151 **班** bān	【个】クラス、職場 H3 中準4	上班 shàng bān 出勤する　下班 xià bān 退勤する
152 **棒球** bàngqiú	野球 中準4	打棒球 dǎ bàngqiú 野球をする
153 **本子** běnzi	【个】ノート 中準4	
154 **笔记本** bǐjìběn	【本】ノート、手帳 H3	
155 **比赛** bǐsài	【场】試合 H3 中4	足球比赛 zúqiú bǐsài サッカーの試合
156 **词典** cídiǎn	【本】辞書 H3 中準4	查词典 chá cídiǎn 辞書を引く
157 **大学** dàxué	【所】大学 中準4	上大学 shàng dàxué 大学に通う、入学する
158 **大学生** dàxuéshēng	【个】大学生 中準4	
159 **地图** dìtú	【张】地図 H3 中準4	一张地图 yì zhāng dìtú 地図1枚
160 **发音** fāyīn	発音 中準4	发音不清楚 fāyīn bù qīngchu 発音が不明瞭だ

No.	語	ピンイン	意味	レベル	例	例ピンイン	例訳
161	钢笔	gāngbǐ	【枝】ペン、万年筆	中準4			
162	寒假	hánjià	冬休み	H4 中準4	放寒假	fàng hánjià	冬休みになる
163	汉字	Hànzì	漢字	中準4			
164	会话	huìhuà	会話	中4			
165	教室	jiàoshì	教室→［異］教jiāo	H2 中準4			
166	考试	kǎoshì	試験 ［動］試験をする ［参］面试 miànshì 面接、笔试 bǐshì 筆記試験、口试 kǒushì 口頭試問	H2 中準4	明天有考试	míngtiān yǒu kǎoshì	明日は試験がある
167	课	kè	【节】授業	H2 中4	今天没有课	jīntiān méiyǒu kè	今日は授業がない
168	课本	kèběn	【本】教科書	中準4			
169	历史	lìshǐ	歴史	H3 中準4			
170	留学生	liúxuéshēng	【个】留学生	中準4			
171	年级	niánjí	学年	H3 中準4	二年级	èr niánjí	2年生
172	铅笔	qiānbǐ	【枝】鉛筆	H2 中準4			
173	书	shū	【本】本	H1 中準4			

No.	単語	意味	級	例
174	暑假 shǔjià	夏休み	中準4	放暑假 fàng shǔjià 夏休みになる
175	宿舍 sùshè	寄宿舎、寮	H5 中準4	回宿舍 huí sùshè 寮に帰る
176	同学 tóngxué	【个】同窓生		同班同学 tóngbān tóngxué クラスメート
177	图书馆 túshūguǎn	図書館	H3 中準4	
178	外语 wàiyǔ	外国語	中準4	学外语 xué wàiyǔ 外国語を学ぶ
179	网球 wǎngqiú	テニス	H4 中準4	打网球 dǎ wǎngqiú テニスをする
180	小说 xiǎoshuō	小説	H4 中4	看小说 kàn xiǎoshuō 小説を読む
181	校园 xiàoyuán	キャンパス、校庭	中4	校园生活 xiàoyuán shēnghuó キャンパスライフ
182	学校 xuéxiào	学校	H1 中準4	
183	音乐 yīnyuè	音楽→[異]可乐kělè	H3 中準4	听轻音乐 tīng qīng yīnyuè ポップスを聞く
184	圆珠笔 yuánzhūbǐ	【枝】ボールペン	中4	
185	运动 yùndòng	スポーツ	H2 中準4	你喜欢什么运动? nǐ xǐhuan shénme yùndòng? 君はどんなスポーツが好きですか?
186	杂志 zázhì	【本】雑誌	H4 中準4	

	単語	意味	級	例
187	专业 zhuānyè	専攻	H4 中4	你的专业是什么? nǐ de zhuānyè shì shénme? 専攻はなんですか?
188	字 zì	文字	H1 中準4	写字 xiě zì 字を書く
189	作业 zuòyè	宿題	H3 中準4	留作业　做作业 liú zuòyè　zuò zuòyè 宿題を出す　宿題をする
190	足球 zúqiú	サッカー	中準4	踢足球 tī zúqiú サッカーをする

021

●名詞　(6)衛生・身体

	単語	意味	級	例
191	肚子 dùzi	お腹	H4 中準4	肚子疼 dùzi téng お腹が痛い
192	个子 gèzi	背丈、体格	H3 中準4	个子高 gèzi gāo 背が高い
193	脸 liǎn	顔	H3 中準4	洗脸 xǐ liǎn 顔を洗う
194	身体 shēntǐ	体、身体	H2 中準4	
195	药 yào	薬	H2 中準4	吃药 chī yào 薬を飲む

022

●名詞　(7)家屋・公共場所

	単語	意味	級	例
196	办公室 bàngōngshì	オフィス、事務室	H3 中準4	
197	便利店 biànlìdiàn	【家】コンビニ	中4	
198	餐厅 cāntīng	【家】レストラン	H4 中準4	

No.	単語	意味	レベル	例
199	厕所 cèsuǒ	便所、トイレ	H4 中準4	
200	超市 chāoshì	【家】スーパー	H3 中準4	
201	窗户 chuānghu	窓	H4 中準4	
202	地方 dìfang	場所	H3 中準4	这个地方交通很方便 zhège dìfang jiāotōng hěn fāngbiàn ここは交通が便利だ
203	饭店 fàndiàn	ホテル[方]レストラン	H1 中準4	住饭店 zhù fàndiàn ホテルに泊まる
204	房间 fángjiān	部屋 〔参〕房卡 fángkǎ ICカードのルームキー	H2 中準4	进房间 jìn fángjiān 部屋に入る
205	饭馆 fànguǎn	【家】レストラン		
206	房子 fángzi	(建物としての)家	中準4	卖房子 mài fángzi 家を売る
207	公司 gōngsī	【家, 个】会社	H2 中準4	去公司上班 qù gōngsī shàngbān 会社に出勤する
208	公园 gōngyuán	公園	H3 中準4	
209	家 jiā	①(場所としての)家 ②家族、家庭	H1 中準4	家里没有人 jiāli méiyǒu rén 家にはだれもいない
210	门口 ménkǒu	出入り口、門口、戸口 〔参〕门は戸・ドア、門の意味	中準4	学校门口 xuéxiào ménkǒu 校門
211	商店 shāngdiàn	【家, 个】商店	H1 中準4	

212	食堂 shítáng	食堂 中準4	
213	书店 shūdiàn	書店 中準4	
214	卫生间 wèishēngjiān	バスルーム·トイレの総称 H4	
215	银行 yínháng	銀行→［異］行xíng H3 中準4	
216	医院 yīyuàn	病院 H1 中準4	
217	邮局 yóujú	郵便局 H4 中準4	

023

●名詞　(8)交通·通信

218	车站 chēzhàn	駅、バス停 中準4	怎么去车站? zěnme qù chēzhàn? 駅にはどうやって行きますか?
219	出租车 chūzūchē	タクシー［参］各地で呼称が異なる〔香港〕的士 dīshì、〔台湾〕计程车 jìchéngchē H1 中準4	坐出租车 zuò chūzūchē タクシーに乗る
220	电车 diànchē	【辆】①電車 ②トロリーバス、路面電車 中準4	坐电车上学 zuò diànchē shàngxué 電車で通学する
221	地铁 dìtiě	地下鉄 H3 中準4	地铁站 dìtiězhàn 地下鉄の駅
222	飞机 fēijī	飛行機 H1 中準4	上飞机　下飞机 shàng fēijī　xià fēijī 飛行機に乗る　飛行機を降りる
223	高铁 gāotiě	(中国の)高速鉄道、新幹線	

224 公共汽车 gōnggòng qìchē
バス　[参]公交车 gōngjiāochē、巴士bāshìとも
H2 中準4

225 火车 huǒchē
【辆】汽車、列車
中準4
火车站 huǒchēzhàn 列車の駅　坐火车 zuò huǒchē 列車に乗る

226 机场 jīchǎng
空港
H2 中準4

227 票 piào
【张】切符、チケット
H2 中準4
电影票 diànyǐngpiào 映画のチケット

228 汽车 qìchē
【辆】自動車
中準4
开汽车 kāi qìchē 車を運転する

229 自行车 zìxíngchē
【辆】自転車
H2 中準4
骑自行车 qí zìxíngchē 自転車に乗る

230 电话 diànhuà
電話
H1 中準4
打电话 dǎ diànhuà 電話をかける

231 电子邮件 diànzǐ yóujiàn
【个，封】電子メール　[略]电邮
H3 中準4
发电子邮件 fā diànzǐ yóujiàn 電子メールを出す

232 手机 shǒujī
【个】携帯電話
H2 中準4
打手机 dǎ shǒujī 携帯電話をかける

233 信 xìn
【封】手紙
中準4
写信 xiě xìn 手紙を書く

024

●名詞　(9)抽象名詞

234 办法 bànfǎ
やり方、解決方法
H3 中準4
没办法 méi bànfǎ どうしようもない

235 关系 guānxi
関係、コネ
H3 中4
没关系 méi guānxi 構いません

236	事儿 shìr	【件】①事柄、仕事 ②事故、故障 H2 中準4	我有事儿，不能去 wǒ yǒu shìr, bù néng qù 私は用事があって行けません / 汽车出事儿了 qìchē chū shìr le 車が事故を起こした
237	事情 shìqing	【件】事柄、仕事、職務 H2 中準4	晚上有点儿事情 wǎnshang yǒu diǎnr shìqing 夜ちょっと用事がある
238	问题 wèntí	問題、質問 H2 中準4	没有问题 méiyǒu wèntí 問題ありません
239	意思 yìsi	①意味 ②考え、意図 ③おもしろみ H2 中4	这本书真有意思 zhè běn shū zhēn yǒu yìsi この本は本当に面白い

025

●名詞　(10)地名・外国語

240	中国 Zhōngguó	中国→【付録】中華人民共和国主要地名 H1
241	外国 wàiguó	外国→【付録】世界主要国名・地名 中準4
242	北京 Běijīng	北京 H1
243	上海 Shànghǎi	上海
244	东京 Dōngjīng	東京
245	美元 Měiyuán	米ドル 中準4
246	人民币 Rénmínbì	人民元 H4 中準4
247	日元 Rìyuán	日本円 中準4

248	中文 Zhōngwén	中国語 ［参］文章語の中国語というニュアンスがある H4	学中文 xué Zhōngwén 中国語を学ぶ
249	汉语 Hànyǔ	漢民族の言語、（広く）中国語 ［参］話し言葉の中国語というニュアンスがある H1 中準4	说汉语 shuō Hànyǔ 中国語を話す

026

外国国名

日本	韓国	ドイツ	フランス	ロシア	アメリカ	イギリス
日本 Rìběn	韩国 Hánguó	德国 Déguó	法国 Fǎguó	俄国 Éguó	美国 Měiguó	英国 Yīngguó

外国語

	日本語	韓国語	ドイツ語	フランス語	ロシア語	英語
書面語	日文 Rìwén	韩文 Hánwén	德文 Déwén	法文 Fǎwén	俄文 Éwén	英文 Yīngwén
口　語	日语 Rìyǔ	韩语 Hányǔ	德语 Déyǔ	法语 Fǎyǔ	俄语 Éyǔ	英语 Yīngyǔ

*書面語と口語の区別は厳密なものではない。

●名詞　（11）時間

250	年 nián	年（時点、時量共通） H1	
251	月 yuè	月 H1	二月　两个月 èr yuè　liǎng ge yuè 2月　2ヶ月
252	日 rì	［書面］日（日付） H2	二月二日 èr yuè èr rì 2月2日
253	号 hào	［口語］日（日付） H1	今天二月二号 jīntiān èr yuè èr hào 今日は2月2日だ

No.	単語	意味	レベル	例
254	天 tiān	日(日数)		两天 liǎng tiān 2日間
255	点 diǎn	～時(時刻)→[動]	H3	两点零二分 liǎng diǎn líng èr fēn 2時2分
256	半 bàn	30分、半	H3	两点半 liǎng diǎn bàn 2時半 半个小时 bàn ge xiǎoshí 30分間
257	刻 kè	15分	H3 中4	两点三刻 liǎng diǎn sān kè 2時45分 一刻钟 yí kè zhōng 15分間
258	分 fēn	分→[量]人民元	H2	两点十二分 liǎng diǎn shí'èr fēn 2時12分
259	小时 xiǎoshí	時間(長さ)	H1	两个小时 liǎng ge xiǎoshí 2時間
260	分钟 fēnzhōng	分間	H3	两分钟 liǎng fēnzhōng 2分間
261	半天 bàntiān	①半日 ②長い時間、しばらく	中4	等了他半天 děngle tā bàntiān 彼をしばらく待った
262	时候 shíhou	時、～する時	H2 中準4	什么时候去? shénme shíhou qù? いつ行くの?
263	时间 shíjiān	(一区切りの)時間	H1 中準4	明天没有时间 míngtiān méiyǒu shíjiān 明日は時間がない
264	岁 suì	歳(年齢の単位)	中4	
265	岁数 suìshu	(目上に対して)お年、年齢	H5 中準4	您多大岁数? nín duōdà suìshu? お幾つですか
266	年纪 niánjì	年齢	H1 中準4	年纪不大 niánjì bú dà 年が若い

267 □	**现在** xiànzài	現在 中準4	
268 □	**以前** yǐqián	以前 H2 中準4	
269 □	**以后** yǐhòu	以後 H3 中準4	
270 □	**生日** shēngri	誕生日	祝你生日快乐！ zhù nǐ shēngri kuàilè! 誕生日おめでとう
271 □	**春节** Chūnjié	春節、旧正月（通常1月中旬から2月中旬） 中準4	过春节 guò Chūnjié 旧正月を過ごす

028

時間表現

季節

春天 chūntiān 春	夏天 xiàtiān 夏	秋天 qiūtiān 秋	冬天 dōngtiān 冬

年

前年 qiánnián 一昨年	去年 qùnián 昨年	今年 jīnnián 今年	明年 míngnián 来年	后年 hòunián 再来年	每年 měinián 毎年

日

前天 qiántiān 一昨日	昨天 zuótiān 昨日	今天 jīntiān 今日	明天 míngtiān 明日	后天 hòutiān あさって	每天 měitiān 毎日

時間帯

上午 shàngwǔ 午前	中午 zhōngwǔ 昼（12時前後）	下午 xiàwǔ 午後	早上 zǎoshang 朝	白天 báitiān 昼、昼間	晚上 wǎnshang 夜（日没～夜半）

曜日

星期一 xīngqīyī 月曜日	星期二 xīngqī'èr 火曜日	星期三 xīngqīsān 水曜日	星期四 xīngqīsì 木曜日	星期五 xīngqīwǔ 金曜日	星期六 xīngqīliù 土曜日	星期日 xīngqīrì 日曜日	星期天 xīngqītiān 日曜日

029

272 **中秋节** Zhōngqiūjié 中秋節(旧暦8月15日)

273 **国庆节** Guóqìngjié 国慶節(建国記念日10月1日) 中準4

030

●動詞 (1)知覚・心理

274	**爱** ài	①愛する ②よく〜する、〜しやすい H1 中準4	爱哭 ài kū よく泣く
275	**办** bàn	①する、処理する ②運営する、開設する 中準4	办护照 bàn hùzhào パスポートを(手続きして)とる / 办学校 bàn xuéxiào 学校を運営する
276	**打算** dǎsuan	〜するつもりだ、〜する予定である H3 中準4	我打算去中国留学 wǒ dǎsuan qù Zhōngguó liúxué 私は中国留学に行くつもりだ
277	**懂** dǒng	わかる、理解する H2 中準4	我不懂你的意思 wǒ bù dǒng nǐ de yìsi 私にはあなたの考えがわかりません
278	**放心** fàng//xīn	安心する H3 中準4	你放心吧 nǐ fàngxīn ba 安心しなさい
279	**感谢** gǎnxiè	感謝する H4 中準4	写感谢信 xiě gǎnxiè xìn 礼状を書く
280	**觉得** juéde	①感じる ②〜と思う→[異]睡觉 shuìjiào H2 中準4	大家觉得怎么样? dàjiā juéde zěnmeyàng? みなさんはどう思いますか?
281	**认识** rènshi	見知っている、見てわかる H1 中準4	我不认识那个人 wǒ bú rènshi nàge rén 私はあの人を知らない
282	**忘** wàng	忘れる 中準4	别忘了带雨伞 bié wàngle dài yǔsǎn 傘を忘れないで
283	**想** xiǎng	①考える ②(推測して)〜と思う→[能願] H1 中準4	想办法 xiǎng bànfǎ 方法を考える

284	喜欢 xǐhuan	好きだ H1 中準4	他喜欢睡觉 tā xǐhuan shuìjiào 彼は寝ることが好きだ
285	知道 zhīdao	(事実を)知っている、(～が)わかる H2 中準4	不知道什么意思 bù zhīdao shénme yìsi 意味がわからない
286	祝 zhù	祈る 中準4	祝你成功 zhù nǐ chénggōng ご成功をお祈りします

031

●動詞　(2)身体動作

287	出 chū	①出る ②出す H2 中準4	出门 chū mén 外出する
288	打 dǎ	①打つ ②(電話を)かける ③(球技を)する ④(代動詞として)～する 中準4	打球　打车 dǎqiú　dǎchē 球技をする　タクシーを拾う
289	带 dài	携帯する、持つ、連れる H3 中準4	带雨伞 dài yǔsǎn 傘を持つ
290	戴 dài	着用する、(メガネを)かける、(帽子を)かぶる、(腕時計を)身につける H4 中準4	戴手表 dài shǒubiǎo 腕時計をつける
291	到 dào	着く、到達する→[前] H2 中準4	几点到? jǐ diǎn dào? 何時に着きますか?
292	放 fàng	①置く、入れる ②(音楽、映画などを)流す、上映する H3 中準4	咖啡里放糖　放音乐 kāfēili fàng táng　fàng yīnyuè コーヒーの中に砂糖を入れる　音楽を流す
293	付 fù	(お金を)払う、支出する 中準4	付钱 fù qián お金を払う
294	关 guān	①閉める、閉じる ②(機械類の)スイッチを切る H3 中準4	关窗户 guān chuānghu 窓を閉める
295	过 guò	①(時間が)経過する ②(場所を)通る→[助] H2 中準4	时间过得真快 shíjiān guòde zhēn kuài 時間の経つのが本当に速い

296	回 huí	①帰る ②返事をする H1 中準4	回老家 huí lǎojiā 実家に帰る　回信 huí xìn 返信する
297	寄 jì	郵送する H4 中準4	寄信 jì xìn 手紙を出す
298	接 jiē	①迎える ②受け取る H3 中準4	去机场接朋友 qù jīchǎng jiē péngyou 空港へ友達を迎えに行く　接电话 jiē diànhuà 電話に出る
299	进 jìn	入る H2 中準4	进教室 jìn jiàoshì 教室に入る
300	开 kāi	①開く ②(機械類の)スイッチを入れる ③操縦する ④始める H1 中準4	开会 kāi huì 会議を開く　开汽车 kāi qìchē 車を運転する
301	来 lái	①来る ②よこす ③(代動詞として)～する H1 中準4	来一杯咖啡吧 lái yì bēi kāfēi ba コーヒーを1杯ください
302	拿 ná	(手で)持つ、つかむ、取る H3 中準4	自己拿吧 zìjǐ ná ba 自分で取りなさい
303	跑 pǎo	走る、逃げる 中準4	快跑吧 kuài pǎo ba はやく逃げなさい
304	骑 qí	(自転車などにまたいで)乗る H3 中準4	骑自行车上学 qí zìxíngchē shàngxué 自転車で通学する
305	去 qù	行く ［参］目的地に向かって移動すること H1 中準4	去医院 qù yīyuàn 病院に行く
306	上 shàng	①上がる ②乗る H1 中準4	从后门上车 cóng hòumén shàng chē 後ろのドアから乗車する
307	送 sòng	①贈る ②(人を)見送る、送って行く ③届ける H2 中準4	送你一本书 sòng nǐ yì běn shū 君に本を1冊贈呈する　送孩子上学 sòng háizi shàngxué 子どもを学校まで送って行く
308	踢 tī	蹴る H2 中準4	踢球 tī qiú ボールを蹴る

No.	単語	意味	級	例文
309	下 xià	①下りる ②(乗り物から)降りる	H1 中準4	从前门下车 cóng qiánmén xià chē 前のドアから下車する
310	站 zhàn	立つ [名]駅、停留所	H3 中準4	前面站着一个人 qiánmian zhànzhe yí ge rén 前に人が1人立っている / 下一站 xià yí zhàn 次の駅
311	走 zǒu	①歩く ②出かける [参]現在地を離れて他の場所に移動すること	H2 中準4	请不要走 qǐng búyào zǒu 行かないでください
312	坐 zuò	①座る ②(交通機関を)利用する	H1 中準4	坐飞机 zuò fēijī 飛行機に乗る
313	做 zuò	①する、やる ②作る ③(ある職)になる、担当する	H1 中準4	她想做老师 tā xiǎng zuò lǎoshī 彼女は先生になりたがっている

032

●動詞　(3)日常生活

No.	単語	意味	級	例文
314	搬 bān	①運ぶ ②引っ越す	H3 中4	搬家 bān jiā 引っ越しする
315	帮忙 bāng//máng	(仕事などを)助ける、手伝う	H3 中3	我给你帮忙 wǒ gěi nǐ bāngmáng 私が手伝ってあげよう
316	帮助 bāngzhù	助ける、(物質的に)援助する	H2 中4	帮助别人 bāngzhù biéren 人を助ける
317	查 chá	①検査する、調査する ②辞書などを引く、調べる	中4	查地图 chá dìtú 地図を調べる
318	尝 cháng	味わう、味をみる	H3 中準4	尝味道 cháng wèidao 味見をする
319	唱歌 chàng//gē	歌を歌う	H2 中準4	我们一起唱歌吧 wǒmen yìqǐ chànggē ba いっしょに歌いましょう
320	吃 chī	食べる	H1 中準4	吃晚饭 chī wǎnfàn 夕食を食べる

No.	単語	意味	レベル	例
321	抽烟 chōu//yān	たばこを吸う	H4 中準4	请不要抽烟 qǐng búyào chōuyān たばこを吸わないでください
322	穿 chuān	着る、履く	H2 中準4	穿别的衣服 chuān biéde yīfu ほかの服を着る
323	存 cún	①貯める ②預ける	H4 中4	存钱 cún qián お金を貯める　存包 cún bāo かばんを預ける
324	打工 dǎ//gōng	働く、(肉体労働の)アルバイトをする	中準4	他在便利店打工 tā zài biànlìdiàn dǎgōng 彼はコンビニでアルバイトをしている
325	打扫 dǎsǎo	掃除する	H3 中4	打扫房间 dǎsǎo fángjiān 部屋を掃除する
326	等 děng	待つ ［助］(列挙)～など	H2 中準4	请等一等 qǐng děngyiděng ちょっと待ってください
327	点 diǎn	①指定する、注文する ②1つ1つ調べる ③うなずく→［名］時間	H1 中準4	点菜 diǎn cài 料理を注文する　点名 diǎnmíng 出席をとる　点头 diǎntóu うなずく
328	发 fā	発送する、出す	H3 中準4	给你发照片 gěi nǐ fā zhàopiàn (メールなどで)写真を君に送るよ
329	发烧 fā//shāo	(風邪などで)発熱する	H3 中4	我有点儿发烧 wǒ yǒudiǎnr fāshāo 私は少し熱がある
330	访问 fǎngwèn	訪問する	中4	他第一次访问中国 tā dìyī cì fǎngwèn Zhōngguó 彼は初めて中国を訪問する
331	干 gàn	する、やる→［異］干净gānjìng	H4 中準4	你干什么工作? nǐ gàn shénme gōngzuò? 君はどんな仕事をしていますか?
332	感冒 gǎnmào	風邪を引く ［名］風邪	H3 中準4	冬天容易感冒 dōngtiān róngyì gǎnmào 冬は風邪を引きやすい
333	告诉 gàosu	(相手の知らない事を)教える、知らせる	H2 中準4	告诉朋友手机号码 gàosu péngyou shǒujī hàomǎ 友達に携帯番号を教える

No.	単語	意味	級	例文
334 □	给 gěi	与える、くれる→[介]	H2 中準4	给朋友钢笔 gěi péngyou gāngbǐ 友達に万年筆をあげる
335 □	工作 gōngzuò	働く、仕事をする [名]仕事	H1 中準4	你快工作吧 nǐ kuài gōngzuò ba さっさと仕事をしなさい
336 □	喝 hē	飲む	H1 中準4	喝花茶 hē huāchá ジャスミンティーを飲む
337 □	花 huā	(金、時間を)使う、費やす→[名]花儿	H3 中準4	不要花钱买这样的东西 búyào huā qián mǎi zhèyàng de dōngxi そんなものを金を出して買うな
338 □	还 huán	返却する、返済する→[異]还**hái**	H3 中準4	还你两百块 huán nǐ liǎng bǎi kuài 君に200元返します
339 □	欢迎 huānyíng	歓迎する	H3 中準4	欢迎您再来 huānyíng nín zài lái またどうぞお越しください
340 □	回答 huídá	答える	H3 中4	回答问题 huídá wèntí 質問に答える
341 □	见面 jiàn//miàn	顔を合わせる、会う	H3 中準4	跟他见面 gēn tā jiànmiàn 彼と会う
342 □	叫 jiào	①呼ぶ ②(名前は)～という ③叫ぶ	H1 中準4	你叫什么名字? nǐ jiào shénme míngzi? 君の名前はなんといいますか?
343 □	介绍 jièshào	紹介する	H2 中準4	你来自我介绍一下 nǐ lái zìwǒ jièshào yíxià 君から自己紹介してください
344 □	开始 kāishǐ	始める、開始する	H2 中準4	开始上课 kāishǐ shàngkè 授業を始めます
345 □	看 kàn	見る、読む	H1 中準4	请给我看一下 qǐng gěi wǒ kàn yíxià 私にちょっと見せてください
346 □	看见 kànjiàn	見える、見かける、目に入る	H1 中準4	你看见他了吗? nǐ kànjiàn tā le ma? 君は彼を見かけましたか?

347	哭 kū	泣く H3 中準4	你哭什么？ nǐ kū shénme? なにを泣いているの？
348	旅游 lǚyóu	旅行する H2 中準4	我想去法国旅游 wǒ xiǎng qù Fǎguó lǚyóu 私はフランス旅行に行きたい
349	卖 mài	売る H2 中準4	卖多少钱？ mài duōshao qián? いくらで売りますか？
350	买 mǎi	買う H1 中準4	买票 mǎi piào 切符（チケット）を買う
351	努力 nǔlì	努力する、一生懸命～する H3 中準4	努力学习中文 nǔlì xuéxí Zhōngwén 一生懸命中国語を学習する
352	起床 qǐ//chuáng	（ベッドから）起きる H2 中準4	你几点起床？ nǐ jǐ diǎn qǐchuáng? 何時に起きますか？
353	请 qǐng	①どうぞ（～してください） ②招く、呼ぶ ③（人に）ご馳走する、おごる H1 中準4	请坐 qǐng zuò どうぞお掛けください 我请你吃饭 wǒ qǐng nǐ chī fàn 食事をご馳走するよ
354	请客 qǐng//kè	①招待する、ご馳走する ②おごる 中4	今天我请客 jīntiān wǒ qǐngkè 今日は私がおごります
355	上班 shàng//bān	出勤する H2 中準4	坐地铁上班 zuò dìtiě shàngbān 地下鉄で出勤する
356	生病 shēng//bìng	病気になる H2 中準4	他身体不好，经常生病 tā shēntǐ bù hǎo, jīngcháng shēngbìng 彼は体調が優れず、よく病気になる
357	收拾 shōushi	片付ける H4 中準4	收拾房间 shōushi fángjiān 部屋を片付ける
358	刷牙 shuā//yá	歯を磨く H3 中準4	我每天刷两次牙 wǒ měitiān shuā liǎng cì yá 私は毎日2回歯をみがく
359	睡觉 shuì//jiào	眠る、寝る→［異］觉得juéde H1 中準4	晚上十二点他才睡觉 wǎnshang shí'èr diǎn tā cái shuìjiào 夜12時に彼はやっと寝た

360	说 shuō	話す、言う H1 中準4	说话 shuōhuà 話をする
361	听 tīng	聞く H1 中準4	听音乐 tīng yīnyuè 音楽を聞く
362	听见 tīngjiàn	聞こえる 中準4	我听见妈妈在外边叫我 wǒ tīngjiàn māma zài wàibian jiào wǒ 母が外で私を呼んでいるのが聞こえた
363	玩儿 wánr	遊ぶ H2 中準4	我们一起玩儿吧 wǒmen yìqǐ wánr ba いっしょに遊ぼう
364	问 wèn	問う、尋ねる H2 中準4	老师问我问题 lǎoshī wèn wǒ wèntí 先生は私に質問した
365	洗 xǐ	洗う H2 中準4	洗脸 xǐ liǎn 顔を洗う　洗澡 xǐ zǎo 入浴する
366	笑 xiào	笑う H2 中準4	笑一笑 xiàoyixiào 笑ってみて
367	姓 xìng	姓は～である [名]姓 H2 中準4	您贵姓? nín guì xìng? お名前は?(名字のみを尋ねる)
368	休息 xiūxi	休む H2 中準4	好好儿休息吧 hǎohāor xiūxi ba ゆっくり休んでね
369	找 zhǎo	①探す ②訪ねる ③つり銭を出す H2 中準4	找钱包 zhǎo qiánbāo 財布を探す　找朋友 zhǎo péngyou 友達を訪ねる 找您三块钱 zhǎo nín sān kuài qián 3元のおつりです
370	照相 zhào//xiàng	写真を撮る、撮影する [参]写真は照片zhàopiàn, 相片xiàngpiàn 中準4	请给我们照张相 qǐng gěi wǒmen zhào zhāng xiàng 私たちの(ために)写真を撮ってください
371	住 zhù	住む、泊まる H1 中準4	住在东京 zhùzài Dōngjīng 東京に住む　住饭店 zhù fàndiàn ホテルに泊まる

033

●動詞　(4)教育

No.	語	ピンイン	意味	レベル	例文	例文ピンイン	訳
372 □	毕业	bì//yè	卒業する	H4 中3	我明年大学毕业	wǒ míngnián dàxué bìyè	私は来年大学を卒業する
373 □	放假	fàng//jià	休みになる	H4 中4	今天学校放假	jīntiān xuéxiào fàngjià	今日学校はお休みです
374 □	及格	jí//gé	合格する、及第する	中3	考试不及格的学生	kǎoshì bù jígé de xuésheng	試験に不合格だった学生
375 □	教	jiāo	教える→［異］教室jiàoshì	H3 中準4	教学生中文	jiāo xuésheng Zhōngwén	学生に中国語を教える
376 □	练习	liànxí	練習する	H3 中準4			
377 □	上课	shàng//kè	授業に出る、授業が始まる	中準4	离上课还有十分钟	lí shàngkè hái yǒu shí fēnzhōng	授業までまだ10分ある
378 □	下课	xià//kè	授業が終わる	中準4	你下课后有时间吗?	nǐ xiàkè hòu yǒu shíjiān ma?	授業が終わった後、時間がありますか?
379 □	上学	shàng//xué	①学校へ行く、登校する、通学する ②入学する	中準4	坐公共汽车上学	zuò gōnggòng qìchē shàngxué	バスで通学する
380 □	写	xiě	書く	H1 中準4	写邮件	xiě yóujiàn	メールを書く
381 □	学	xué	学ぶ、習う	中準4	学英语	xué Yīngyǔ	英語を学ぶ
382 □	学习	xuéxí	学習する、勉強する	H1 中準4	从现在开始学习	cóng xiànzài kāishǐ xuéxí	今から勉強を始める
383 □	预习	yùxí	予習する	H4 中4	上课以前得预习一下	shàngkè yǐqián děi yùxí yíxià	授業の前にちょっと予習しなければならない

384	**复习** fùxí	復習する H3 中準4	

034

●動詞 (5)運動

385	**滑冰** huá//bīng	スケートをする 中4	喜欢滑冰 xǐhuan huábīng スケートが好きだ
386	**滑雪** huá//xuě	スキーをする 中4	他冬天去滑雪 tā dōngtiān qù huáxuě 彼は冬スキーに行く
387	**跳舞** tiào//wǔ	ダンスをする、踊る H2 中準4	我们一起跳舞吧 wǒmen yìqǐ tiàowǔ ba いっしょに踊りましょう
388	**游泳** yóu//yǒng	泳ぐ H2 中準4	我不会游泳 wǒ bú huì yóuyǒng 私は泳げない

035

●動詞 (6)気象

389	**刮风** guā fēng	風が吹く H3 中準4	刮大风 guā dàfēng 大風が吹く
390	**下雪** xià xuě	雪が降る H2 中準4	这里很少下雪 zhèli hěn shǎo xià xuě ここはめったに雪が降らない
391	**下雨** xià yǔ	雨が降る H1 中準4	明天会下雨 míngtiān huì xià yǔ 明日は雨が降る

036

●能願動詞(助動詞)

392	**得** děi	～ねばならない [動]～かかる、必要とする→[異]得 de H2 中3	得去上课 děi qù shàngkè 授業に行かねばならない / 得多少钱? děi duōshao qián? いくらかかりますか?
393	**会** huì	①(学習·練習の結果)できる ②～するはずだ H1 中準4	会滑冰 huì huábīng スケートができる / 明天不会下雨 míngtiān bú huì xià yǔ 明日は雨になるはずがない
394	**可以** kěyǐ	①(許可)さしつかえない ②(可能)できる(否定の不可以は禁止) H2 中準4	这儿可以抽烟吗? zhèr kěyǐ chōuyān ma? ここでたばこを吸ってもいいですか?

No.	単語	意味	例文
395	能 néng	①(能力があって)できる ②(条件があって)できる H1 中準4	能游一千米 néng yóu yì qiān mǐ 1000メートル泳げる 这辆汽车能坐五个人 zhè liàng qìchē néng zuò wǔ ge rén この車は5人乗れる
396	想 xiǎng	～したい→[動] H1 中準4	我想去英国 wǒ xiǎng qù Yīngguó 私はイギリスに行きたい
397	要 yào	①～したい(否定は不想) ②～しなければならない、する必要がある(否定は不用) [動]ほしい、注文する(否定は不要)→[副]不用 búyòng H2 中準4	我要学滑冰 wǒ yào xué huábīng 私はスケートを習いたい 你要认真学习 nǐ yào rènzhēn xuéxí 君はまじめに勉強しなければならない
398	应该 yīnggāi	①(道理・人情から)～すべきだ ②(状況から)～のはずだ H3 中準4	你应该休息 nǐ yīnggāi xiūxi 君は休息を取るべきだ 他应该不在家 tā yīnggāi bú zài jiā 彼は留守のはずだ

037

●形容詞

No.	単語	意味	例文
399	矮 ǎi	(背が)低い H3 中準4	
400	高 gāo	高い H2 中準4	这座大楼真高 zhè zuò dàlóu zhēn gāo このビルは本当に高いね
401	棒 bàng	すばらしい、優れている H4 中4	你的中文太棒了！ nǐ de Zhōngwén tài bàng le! 君の中国語はとても素晴らしい
402	薄 báo	薄い、薄弱である H5	这张纸很薄 zhè zhāng zhǐ hěn báo この紙は薄い
403	饱 bǎo	(お腹が)いっぱいである H3 中準4	肚子饱了 dùzi bǎo le お腹がいっぱいになった
404	差 chà	①間違っている ②劣っている [動]不足する H3 中4	差一刻两点 chà yí kè liǎng diǎn 2時15分前 成绩太差了 chéngjì tài chà le 成績が悪すぎる

No.	単語	意味	例文
405	长 cháng	長い H2 中準4	等很长时间 děng hěn cháng shíjiān 長い時間待つ
406	短 duǎn	短い H3 中準4	时间太短 shíjiān tài duǎn 時間が短すぎる
407	聪明 cōngming	賢い、利口だ H3 中準4	那条狗非常聪明 nà tiáo gǒu fēicháng cōngming あの犬は非常に利口だ
408	对 duì	正しい、その通り→[介] H2 中準4	你说得对 nǐ shuōde duì 君の言う通りだ
409	错 cuò	間違っている、正しくない H2 中準4	可能有错的地方 kěnéng yǒu cuò de dìfang 間違った所があるかもしれない
410	大 dà	①大きい ②年上だ H1 中準4	问题不大 wèntí bú dà 問題は大きくない
411	小 xiǎo	①小さい ②年下だ [接頭](年下、同年代に対して)～さん、～くん H1 中準4	
412	多 duō	多い→[疑] H1 中準4	他喝了很多水 tā hēle hěn duō shuǐ 彼はたくさん水を飲んだ
413	少 shǎo	少ない H1 中準4	很少人知道这件事 hěn shǎo rén zhīdao zhè jiàn shì この事を知っている人は少ない
414	饿 è	お腹がすいている H3 中準4	我肚子有点儿饿了 wǒ dùzi yǒudiǎnr è le 少しお腹が空いている
415	方便 fāngbiàn	便利だ [動]手洗いに行く H3 中準4	买东西很方便 mǎi dōngxi hěn fāngbiàn 買い物が便利だ
416	干净 gānjìng	清潔だ→[異]干gàn H3 中準4	这家餐厅不太干净 zhè jiā cāntīng bú tài gānjìng このレストランはあまり清潔でない
417	高兴 gāoxìng	うれしい H1 中準4	能认识您真高兴 néng rènshi nín zhēn gāoxìng お目にかかれて本当にうれしい

No.	単語	意味	レベル	例文
418	贵 guì	(値段が)高い	H2 中準4	
419	便宜 piányi	安い→[異]方便 fāngbiàn	H2 中準4	便宜就买 piányi jiù mǎi 安ければ買う
420	好看 hǎokàn	①(目で見て)美しい、きれいだ ②面白い	中準4	这个电影很好看 zhège diànyǐng hěn hǎokàn この映画は面白い
421	好 hǎo	①良い ②健康だ ③上手だ [参]好好儿 hǎohāor よく、ちゃんと、十分に	H1 中準4	你身体好吗? nǐ shēntǐ hǎo ma? 体調はいいですか?
422	好吃 hǎochī	おいしい	H2 中準4	这个菜非常好吃 zhège cài fēicháng hǎochī この料理は非常においしい
423	好喝 hǎohē	(飲んで)美味しい		花茶很好喝 huāchá hěn hǎohē ジャスミンティーは美味しい
424	坏 huài	悪い [動]壊れる	H3 中準4	天气很坏 tiānqì hěn huài 天気が悪い
425	简单 jiǎndān	簡単だ、単純だ	H3 中準4	这个问题非常简单 zhège wèntí fēicháng jiǎndān この問題は非常に簡単だ
426	健康 jiànkāng	健康である	H3 中準4	祝你身体健康 zhù nǐ shēntǐ jiànkāng あなたのご健康を祈ります
427	远 yuǎn	遠い	H2 中準4	很远的地方 hěn yuǎn de dìfang 遠い所
428	近 jìn	近い	H2 中準4	
429	紧张 jǐnzhāng	①忙しい ②緊張している	H4 中準4	学习很紧张 xuéxí hěn jǐnzhāng 勉強が忙しい
430	快 kuài	(速度、動作が)速い [副]急いで	H2 中準4	你快回家吧 nǐ kuài huíjiā ba さっさと家に帰りなさい

No.	単語	意味	レベル	例文
431	慢 màn	(速度、動作が)遅い ［副］ゆっくり	H2 中準4	请慢走 qǐng màn zǒu 気をつけてお帰りください(見送りの常用句)
432	快乐 kuàilè	楽しい	H2 中4	祝你生日快乐 zhù nǐ shēngri kuàilè 誕生日おめでとう
433	老实 lǎoshi	(性格が)まじめだ	H5	她很老实 tā hěn lǎoshi 彼女はまじめな人柄だ
434	累 lèi	疲れている	H2 中準4	有点儿累了 yǒudiǎnr lèi le 少し疲れた
435	冷 lěng	寒い	H1 中準4	
436	暖和 nuǎnhuo	暖かい→［異］和hé	H4 中準4	
437	凉快 liángkuai	涼しい	H4 中準4	
438	热 rè	暑い	H1 中準4	今天有点儿热 jīntiān yǒudiǎnr rè 今日は少し暑い
439	忙 máng	忙しい	H2 中準4	
440	明白 míngbai	(内容・意味などが)明らかだ、明白だ、はっきりしている ［動］わかる	H3 中準4	还不明白吗? hái bù míngbai ma? まだわからないのかい?
441	难 nán	①難しい ②(难+［動］)～しにくい	H3 中準4	这个字很难写 zhège zì hěn nán xiě この字は書きにくい
442	容易 róngyì	①易しい ②(容易+［動］)～しやすい	H3 中準4	这个工作很容易 zhège gōngzuò hěn róngyì この仕事はたやすい
443	年轻 niánqīng	若い	H3 中準4	年轻人 niánqīngrén 若者

No.	単語	意味	例文
444	胖 pàng	太っている H3 中準4	
445	瘦 shòu	痩せている H3 中準4	
446	漂亮 piàoliang	きれいだ H1 中準4	你的衣服很漂亮 nǐ de yīfu hěn piàoliang あなたの服はきれいですね
447	清楚 qīngchu	(音声・態度などが)明らかだ、はっきりしている ［動］よく知っている H3 中準4	孩子两岁说话还不清楚 háizi liǎng suì shuōhuà hái bù qīngchu 子どもは2歳でまだ言葉がはっきりしない
448	认真 rènzhēn	(態度が)まじめだ H3 中準4	他工作很认真 tā gōngzuò hěn rènzhēn 彼は仕事ぶりがまじめだ
449	舒服 shūfu	心地よい、体調がよい H3 中準4	你哪儿不舒服? nǐ nǎr bù shūfu? どこが具合悪いのですか?
450	疼 téng	痛い H3 中準4	我肚子有点儿疼 wǒ dùzi yǒudiǎnr téng お腹が少し痛い
451	早 zǎo	(時間が)早い 中準4	这么早来，怎么了? zhème zǎo lái, zěnme le? こんなに早く来てどうしたの?
452	晚 wǎn	(時間が)おそい 中準4	回信晚了，请原谅 huíxìn wǎn le, qǐng yuánliàng 返信が遅くなりました。お許しください
453	行 xíng	よろしい、大丈夫だ→［異］银行 yínháng H4 中準4	那么办不行 nàme bàn bù xíng そんなふうにやってはだめだ
454	一样 yíyàng	同じだ H3 中準4	你的看法跟我的一样 nǐ de kànfǎ gēn wǒ de yíyàng 君の考えは私と同じだ
455	有用 yǒuyòng	有用だ、役に立つ 中4	这本词典很有用 zhè běn cídiǎn hěn yǒuyòng この辞書はとても役に立つ
456	着急 zháojí	焦る、いら立つ、慌てる→［異］着 zhe H3 中準4	别着急 bié zháojí 慌てないで

038

●副詞

No.	単語	意味	級	例文
457	别 bié	～してはいけない(禁止)	H2 中準4	别这么生气了 bié zhème shēngqì le そんなに怒らないで
458	比较 bǐjiào	比較的に、わりに、かなり	H3 中4	工作比较忙 gōngzuò bǐjiào máng 仕事がわりと忙しい
459	不 bù	～しない(意思･状態の否定)、～でない(否認)	H1 中準4	昨天天气不好 zuótiān tiānqì bù hǎo 昨日は天気がよくなかった
460	不用 búyòng	～する必要がない、～するには及ばない→[能願]要yào	中準4	不用客气 búyòng kèqi 遠慮する必要はない
461	才 cái	ようやく、～してはじめて～	H3 中準4	我现在才明白 wǒ xiànzài cái míngbai 私は今ようやくわかった
462	常常 chángcháng	しばしば、しょっちゅう(否定形は不常)	中準4	他常常来这家书店 tā chángcháng lái zhè jiā shūdiàn 彼はしばしばこの書店に来る
463	大概 dàgài	①大体 ②たぶん(状況の推測)	H4 中準4	大概多少钱? dàgài duōshao qián? 大体いくらですか?
464	都 dōu	みな、すべて→[異]都dū(首都、京都など)	H1 中準4	你家都有什么人? nǐ jiā dōu yǒu shénme rén? 家族にはどんな人がいますか?(家族構成を尋ねる)
465	非常 fēicháng	非常に	H2 中準4	
466	刚 gāng	～したばかり(ある状態の直後を指す)	H4 中準4	我刚回来 wǒ gāng huílai 私は帰ってきたばかりだ
467	刚才 gāngcái	先ほど、ついさっき(発話時より少し前を指す)	H2 中準4	他刚才回来了 tā gāngcái huílai le 彼はさっき帰ってきた
468	更 gèng	いっそう	H3 中準4	明天更热 míngtiān gèng rè 明日はもっと暑くなる

469	还 hái	①まだ ②さらに、その上→[異] 还 huán H2 中準4	这件事他还不知道 zhè jiàn shì tā hái bù zhīdao この事を彼はまだ知らない 还要别的吗? hái yào biéde ma? ほかになにか要りますか?
470	还是 háishi	①まだ ②やはり～するほうがいい→[接] H3 中準4	天气不好，还是明天去吧 tiānqì bù hǎo, háishi míngtiān qù ba 天気が悪いから、やはり明日行くことにしよう
471	很 hěn	とても H1 中準4	
472	极了 jíle	([形]+极了)とても～だ	高兴极了 gāoxìng jíle とても喜んだ
473	就 jiù	①すぐに ②～ならば ③ほかでもなく H2 中準4	他一会儿就来 tā yíhuìr jiù lái 彼はもう少しですぐ来ます
474	可能 kěnéng	～かもしれない H2 中準4	明天可能会下雪 míngtiān kěnéng huì xià xuě 明日は雪が降るかも知れない
475	没有 méiyou	～していない(已然の否定) [略]没 méi→[付録]アスペクト H1 中準4	
476	太 tài	あまりに～だ、～すぎる H1 中準4	太贵了 tài guì le 高すぎる
477	先 xiān	先に H3 中準4	我们先吃饭吧 wǒmen xiān chī fàn ba 先に食事にしましょう
478	也 yě	～も、～もまた H2 中準4	
479	一定 yídìng	きっと、必ず H3 中準4	一定来我家玩儿吧 yídìng lái wǒ jiā wánr ba きっと私の家に遊びに来てね
480	一共 yígòng	合わせて、合計で H3 中準4	一共多少钱? yígòng duōshao qián? 合計でいくらですか?

481	已经 yǐjing	すでに H2 中準4	他们已经走了 tāmen yǐjing zǒu le 彼らはすでに出かけた
482	一起 yìqǐ	いっしょに H2 中準4	我们一起去看电影，怎么样? wǒmen yìqǐ qù kàn diànyǐng, zěnmeyàng? いっしょに映画を見に行きませんか?
483	又 yòu	また(すでに起こった事柄に用いる) H3 中準4	他昨天又来了 tā zuótiān yòu lái le 彼は昨日また来た
484	有点儿 yǒudiǎnr	少し、ちょっと(望ましくないことに用いる)→[比較]一点儿 yìdiǎnr 中準4	我有点儿不舒服 wǒ yǒudiǎnr bù shūfu 私は少し体の具合が悪い
485	再 zài	再び、また、引き続き(これからの事柄に用いる) H2 中準4	你明天再来吧 nǐ míngtiān zài lái ba 明日また来てください
486	在 zài	([動]+在)～しているところだ H1 中準4	他们在上课呢 tāmen zài shàngkè ne 彼らは授業中です
487	真 zhēn	本当に、実に H2 中準4	真不简单 zhēn bù jiǎndān 実にたいしたものだ
488	正 zhèng	(正+在+[動])ちょうど～している [形]真っすぐである、正しい H5 中準4	他正在睡觉呢 tā zhèngzài shuìjiào ne 彼はちょうど寝ているところだ
489	只 zhǐ	ただ、～だけ、～しかない→[異]只zhī H2 中準4	我只学过英语 wǒ zhǐ xuéguo Yīngyǔ 私は英語しか学んだことがない
490	最 zuì	最も、一番 H2 中準4	你最喜欢吃什么水果? nǐ zuì xǐhuan chī shénme shuǐguǒ? どんな果物が一番好きですか?

039

●介詞(前置詞)

491	从 cóng	～から H2 中4	他从哪儿来? tā cóng nǎr lái? 彼はどこから来ているの?
492	到 dào	～に、～まで→[動] H2 中準4	你到哪儿去? nǐ dào nǎr qù? 君はどこへ行くの?

No.	語	意味	級	例文
493	对 duì	～に、～に対して→[形]	H2 中準4	老师对我很好 lǎoshī duì wǒ hěn hǎo 先生は私によくしてくれる
494	给 gěi	～に、～のために→[動]	H2 中準4	妈妈给我买衣服 māma gěi wǒ mǎi yīfu 母さんは私に服を買ってくれる
495	跟 gēn	～と	H3 中4	跟弟弟一起去公园 gēn dìdi yìqǐ qù gōngyuán 弟といっしょに公園に行く
496	离 lí	～から	H2 中3	学校离这儿很远 xuéxiào lí zhèr hěn yuǎn 学校はここから遠い
497	用 yòng	～で [動]用いる、使う	H3 中準4	用铅笔写字 yòng qiānbǐ xiě zì 鉛筆で字を書く
498	在 zài	～で→[動][副]	H1 中準4	在大学学汉语 zài dàxué xué Hànyǔ 大学で中国語を学ぶ

040

●接続詞

No.	語	意味	級	例文
499	不过 búguò	ただ、だが、しかし [副]～に過ぎない	H4 中3	
500	虽然 suīrán	～ではあるが(但是/可是/不过などと呼応する)	H2 中4	虽然汉语很难, suīrán Hànyǔ hěn nán, 中国語は難しいが、 但是我一定要学好 dànshì wǒ yídìng yào xuéhǎo 是非ともマスターせねばならない
501	但是 dànshì	しかし、だが(虽然と呼応する)	H2	
502	可是 kěshì	しかし、だが(話し言葉で多用、但是より軽い)	H4	
503	还是 háishi	それとも→[副]	H3 中準4	你喝咖啡还是喝红茶? nǐ hē kāfēi háishi hē hóngchá? 君はコーヒーにしますか、それとも紅茶にしますか?

504	和 hé	～と→[異]暖和nuǎnhuo H1 中準4	我和他都是日本人 wǒ hé tā dōu shì Rìběnrén 私と彼は2人とも日本人だ
505	因为 yīnwèi	～なので、～のために(所以と呼応し、因果関係の原因を述べる) H2 中4	
506	所以 suǒyǐ	だから、そのため(因为～所以～:因果関係の結果を述べる) H2 中4	

041

●助詞

507	啊 a	感嘆、反問の語気 H3	
508	吧 ba	①～しよう(依頼)、～しましょう(提案·勧誘) ②～でしょう(推測·同意) H2	跟我一起学汉语吧 gēn wǒ yìqǐ xué Hànyǔ ba 私といっしょに中国語を学びましょう 他是大学生吧? tā shì dàxuéshēng ba? 彼は大学生でしょう?
509	得 de	様態補語などに用いる→[異]得děi H2	
510	的 de	名詞の修飾語を作る H1	漂亮的字 piàoliang de zì きれいな字
511	地 de	動詞·形容詞の修飾語を作る H3	认真地工作 rènzhēn de gōngzuò まじめに働く
512	过 guo	(経験)～したことがある→[動]→[付録]アスペクト H2 中準4	去过中国 qùguo Zhōngguó 中国に行ったことがある
513	了 le	①動態助詞(動作·行為の実現や完了など) ②語気助詞(状況の変化や新しい事態の発生など)→[付録]アスペクト H1	看了一个电影 kànle yí ge diànyǐng 映画を1本見た 天气热了 tiānqì rè le (気候が)暑くなった
514	吗 ma	～か?(質問·疑問) H1	

515	呢 ne	①～は?(省略疑問文) ②動作や状態の継続(平叙文の文末) H1	我喝咖啡，你呢? wǒ hē kāifēi, nǐ ne? 私はコーヒーにするけど、君は?
516	着 zhe	(持続)～している→[異]着急 zháojí→[付録]アスペクト H2	老师拿着一本杂志 lǎoshī názhe yì běn zázhì 先生は雑誌を1冊手にしている

042

●感嘆詞

517	喂 wéi wèi	(呼びかけに用いる)もしもし、ねぇ H1	喂，你找哪位? wèi, nǐ zhǎo nǎ wèi? (電話)もしもし、どなたに御用ですか

043

●常用表現

518	抱歉 bàoqiàn	申し訳ない(正式な場面での謝罪)	
519	不好意思 bù hǎoyìsi	決まりが悪い、申し訳ない(軽い謝罪) 中3	
520	不客气 bú kèqi	①どういたしまして ②どうぞお構いなく H1 中準4	
521	不错 búcuò	①(応答)その通りだ、間違いない ②素晴らしい 中準4	你的成绩真不错! nǐ de chéngjì zhēn búcuò! 君の成績は本当に素晴らしい
522	差不多 chàbuduō	大差ない、ほとんど同じ H4 中準4	
523	对不起 duìbuqǐ	ごめんなさい(謝罪) H1	
524	没关系 méi guānxi	かまいません、大丈夫です H1	
525	请问 qǐngwèn	お尋ねします	

526 □ **是的** shìde	そうです（肯定の返事）	
527 □ **谢谢** xièxie	ありがとう H1	
528 □ **再见** zàijiàn	さようなら H1	

♣判断、所有、所在を表す基本動詞“是”“有”“在”

(1) “是”は主語について「～だ、～である」という判断·説明を表す動詞で、否定は“不”しか用いない。“A＋是＋B”の形で「A は B である」の意味を表す。このとき“是”は少し軽めに発音される。

我是大学生。Wǒ shì dàxuéshēng.［私は大学生です。］

(2) “有”には2つの意味がある。①主に人を主語として所有（持つ、持っている）を表す。②存在（ある、いる）を表す。「場所＋“有”＋人／物」の語順となる。否定形は“没有”“没”。

他没有手机。Tā méiyǒu shǒujī.［彼は携帯電話を持っていない。］
桌子上有一本书。Zhuōzishang yǒu yì běn shū.［机の上に本が1冊ある。］

(3) 所在動詞の“在”は「人／物＋“在”＋場所」の形で「～は…にいる／ある」という意味を表す。主語になるのは特定の人や物で、否定形には通常“不”を用いる。なお、“在”には介詞（前置詞）や副詞の用法もある。

你的手机在那儿。Nǐ de shǒujī zài nàr.［君の携帯電話はあそこにある。］

初級単語付録

044 1 完了・実現のアスペクト（V＋了）…「～した」

【肯定】 他买了一本书。 Tā mǎile yì běn shū.

【否定】 他没（有）买书。 Tā méi (you) mǎi shū.

（注）“了”は消える

【疑問①】 他买了一本书吗？ Tā mǎile yì běn shū ma?

【疑問②】 他买了一本书没有？ Tā mǎile yì běn shū méiyou?

［説明］もう１つの“了”…文末語気助詞で「新たな事態の発生・変化」を表す → 下雨了。Xià yǔ le.

045 2 経験のアスペクト（V＋过）…「～したことがある」

【肯定】 他看过这本书。 Tā kànguo zhè běn shū.

【否定】 他没（有）看过这本书。 Tā méi (you) kànguo zhè běn shū.

（注）“过”は残る

【疑問①】 他看过这本书吗？ Tā kànguo zhè běn shū ma?

【疑問②】 他看过这本书没有？ Tā kànguo zhè běn shū méiyou?

他看（过）没看过这本书？

Tā kàn (guo) méi kànguo zhè běn shū?

046 3 進行のアスペクト（在・正・正在＋V＋呢）…「～しているところだ」

【肯定】 他在看电视呢。 Tā zài kàn diànshì ne.

【否定】 他没（有）看电视。 Tā méi (you) kàn diànshì.

他没（有）在看电视。 Tā méi (you) zài kàn diànshì.

（注）“在”が残ることもある

【疑問】 他在看电视吗？ Tā zài kàn diànshì ma?

4 持続のアスペクト（V＋着）…「～している／～してある」

（1）動作の持続

【肯定】　他写着信呢。　Tā xiězhe xìn ne.

【否定】　他没（有）写信。　Tā méi (you) xiě xìn.

（注）“着”は消える

【疑問①】他写着信吗？　Tā xiězhe xìn ma?

【疑問②】他写着信没有？　Tā xiězhe xìn méiyou?

（2）動作の結果後の状態の持続

【肯定】　窗户开着呢。　Chuānghu kāizhe ne.

【否定】　窗户没（有）开着。　Chuānghu méi (you) kāizhe.

（注）“着”は残る

【疑問①】窗户开着吗？　Chuānghu kāizhe ma?

【疑問②】窗户开着没有？　Chuānghu kāizhe méiyou?

5 将然（近接未来）のアスペクト（快要・快・就要・要＋V＋了）…「まもなく～する」

【肯定】　他快要回来了。　Tā kuàiyào huílai le.

【疑問】　他快要回来了吗？　Tā kuàiyào huílai le ma?

［発展］他们下个月就要结婚了。

Tāmen xià ge yuè jiùyào jiéhūn le.

（注）時間副詞（“马上”など）や時間詞（“下个月”など）があるときは“就要～了”を用いる

049

日本語	中国語
みなさん、こんにちは。	同学们好！ Tóngxuémen hǎo!
先生、こんにちは。	老师好！ Lǎoshī hǎo!
これから出席を取ります。	现在开始点名。 Xiànzài kāishǐ diǎnmíng.
～さん。はい！	某某同学！ 到！ Mǒumǒu tóngxué! Dào!
これから授業を始めます。	现在开始上课。 Xiànzài kāishǐ shàngkè.
教科書を開いて、20ページを開いてください。	请打开课本，翻到第二十页。 Qǐng dǎkāi kèběn, fāndào dì èrshí yè.
みなさん、私について読んでください。	请大家跟我念。 Qǐng dàjiā gēn wǒ niàn.
もう一度読んでください。	再念一遍。 Zài niàn yí biàn.
大きな声で！	大点儿声！ Dà diǎnr shēng!
よろしい、そこまで。君が続けて読んで。	好，到这儿。你接着念。 Hǎo, dào zhèr. Nǐ jiēzhe niàn.
みなさん、ちょっと書き取ってください。	请大家写一下。 Qǐng dàjiā xiě yíxià.
みなさん、わかりましたか？	同学们听懂了吗? Tóngxuémen tīngdǒng le ma?
これから質問をします。	现在我开始提问。 Xiànzài wǒ kāishǐ tíwèn.
質問があれば、手を挙げて。	有问题，请举手！ Yǒu wèntí, qǐng jǔ shǒu!

050

日本語	中国語
先生、私は聞いても(読んでも)わかりません。	老师，我听不懂（看不懂）。 Lǎoshī, wǒ tīngbudǒng (kànbudǒng).
先生、もう一度おっしゃってください。	老师，请再说一遍。 Lǎoshī, qǐng zài shuō yí biàn.
これは中国語でなんと言いますか？	这个用汉语怎么说？ Zhège yòng Hànyǔ zěnme shuō?
これはどう書きますか？ちょっと書いてください。	这个怎么写？请写一下。 Zhège zěnme xiě? Qǐng xiě yíxià.
みなさん、本を閉じて、これから試験を始めます。	同学们合上书本，现在开始考试！ Tóngxuémen héshang shūběn, xiànzài kāishǐ kǎoshì!
今日はみなさんに宿題を出します。	今天给同学们留作业。 Jīntiān gěi tóngxuémen liú zuòyè.
次の授業で必ず提出すること。	下次课一定要提交。 Xià cì kè yídìng yào tíjiāo.
みなさん、宿題ノートを私に出してください。	同学们把作业本传给我。 Tóngxuémen bǎ zuòyèběn chuángěi wǒ.
今日はここまでとします、授業は終わりです。	今天就讲到这儿，下课了。 Jīntiān jiù jiǎngdào zhèr, xiàkè le.
みなさん、さようなら。	同学们再见！ Tóngxuémen zàijiàn!
先生、さようなら。	老师再见！ Lǎoshī zàijiàn!

中級単語

890語

051

●代詞

No.	単語	意味	級	例文
1	各 gè	それぞれ、おのおの	H4 中4	各位老师 gè wèi lǎoshī 先生方
2	其次 qícì	①その次 ②二の次	H4	他成绩最好，其次是你 tā chéngjì zuì hǎo, qícì shì nǐ 彼が成績一番で、その次が君だ
3	其他 qítā	その他、そのほか	H3 中4	其他同学 qítā tóngxué その他のクラスメート
4	任何 rènhé	いかなる、どんな	H4 中3	还没有任何联系 hái méiyǒu rènhé liánxì いかなる連絡もまだありません
5	一切 yíqiè	一切の、すべての	H4 中4	一切都好吗？ yíqiè dōu hǎo ma? 万事順調ですか?

052

●数詞

No.	単語	意味	級	例文
6	俩 liǎ	2人、2つ	H4 中4	你们俩 nǐmen liǎ 君たち2人

053

●量詞・単位　(1)名量詞

No.	単語	意味	級	例文
7	层 céng	ビルの階	H3 中4	五层大楼 wǔ céng dàlóu 5階建てのビル
8	段 duàn	(時間・距離、文章)一区切り	H3 中3	一段时间 yí duàn shíjiān 一定の期間
9	份 fèn	(新聞、書類など)部	H4 中3	一份报 yí fèn bào 新聞1部
10	句 jù	言葉や詩文の区切りを数える単位 [名]文、センテンス	中4	让我说两句 ràng wǒ shuō liǎng jù 一言だけ言わせてください
11	棵 kē	(樹や草)本	H4 中4	一棵树 yì kē shù 樹木1本

12	篇 piān	(文章など)編 H4 中4	两篇小说 liǎng piān xiǎoshuō 小説2編
13	群 qún	群れ H5	一群人 yì qún rén 一団の人々
14	座 zuò	(建物、山など)棟、座 H4	一座楼 yí zuò lóu ビル1棟

054

●量詞・単位　(2)動量詞

15	顿 dùn	(食事などの)回数 H5 中4	一天吃三顿饭 yì tiān chī sān dùn fàn 1日3食食べる
16	趟 tàng	(往復する)回数 H4 中準4	去一趟 qù yí tàng 1度行く

055

●量詞・単位　(3)金額・単位

17	公斤 gōngjīn	キログラム ［参］中国では一般的に斤(500g)を使う H3	两公斤 liǎng gōngjīn 2キロ
18	公里 gōnglǐ	キロメートル H4	每天走五公里 měitiān zǒu wǔ gōnglǐ 毎日5キロ歩く
19	钟头 zhōngtóu	時間	工作两个钟头 gōngzuò liǎng ge zhōngtóu 2時間仕事をする

056

●量詞・単位　(4)その他

20	倍 bèi	倍 H4 中4	增加一倍 zēngjiā yí bèi 2倍に増える
21	分之 fēnzhī	(分数)〜分の〜 H4	百分之百 bǎi fēnzhī bǎi 100パーセント

No.	単語	意味	級	例文
22	亲戚 qīnqi	親戚	H4 中3	
23	妻子 qīzi	妻	H2 中準4	
24	孙子 sūnzi	孫	H4 中準4	
25	兄弟 xiōngdì	兄弟 [参]姐妹 jiěmèi 姉妹	H5 中4	你有几个兄弟姐妹? nǐ yǒu jǐ ge xiōngdì jiěmèi 何人兄弟がいますか
26	丈夫 zhàngfu	夫	H2 中準4	她的丈夫 tā de zhàngfu 彼女の夫
27	阿姨 āyí	①おばさん ②お手伝いさん ③保育士	H3 中3	家里雇了一个阿姨 jiāli gùle yí ge āyí 家でお手伝いさんを雇った
28	叔叔 shūshu	(年上の男性への呼称)おじさん	H3 中4	
29	儿童 értóng	児童、子ども	H4 中3	儿童医院 értóng yīyuàn 小児科医院
30	小孩儿 xiǎoháir	子ども	中4	
31	男孩儿 nánháir	男の子	中4	
32	女孩儿 nǚháir	女の子	中4	
33	男人 nánrén	男	H2 中準4	

No.	単語	意味	例文
34	女人 nǚrén	女 H2 中準4	
35	小伙子 xiǎohuǒzi	(男の)若者 ［参］姑娘gūniáng 若い未婚女性 H4 中3	
36	年龄 niánlíng	年齢 H4 中4	年龄大了 niánlíng dà le 年をとった
37	性别 xìngbié	性別 H4	填写性别 tiánxiě xìngbié 性別を記入する
38	内行 nèiháng	玄人、専門家 H6	他是老内行 tā shì lǎo nèiháng 彼はベテランだ
39	外行 wàiháng	門外漢、素人 H6	
40	客人 kèren	ゲスト、お客様 H3 中準4	请客人 qǐng kèren お客さんを招待する
41	邻居 línjū	隣近所、隣人 H3 中4	多年的老邻居 duōnián de lǎo línjū 長年のお隣さん
42	大夫 dàifu	［口］医者(呼びかけに用いる) H4 中準4	当了两年大夫 dāngle liǎng nián dàifu 2年間医者をした
43	导游 dǎoyóu	ガイド、案内人 ［動］観光案内する、ガイドする H4 中3	我给你当导游吧 wǒ gěi nǐ dāng dǎoyóu ba 君のガイドをしてあげよう
44	房东 fángdōng	家主、大家 H4	
45	护士 hùshi	看護師 H4 中4	
46	教授 jiàoshòu	教授 ［動］教授する H4	

	語	意味	レベル	例
47	警察 jǐngchá	警官、巡査	H4 中4	人民警察（民警） rénmín jǐngchá (mínjǐng) 警官（民警は略称）
48	记者 jìzhě	記者	H4	
49	律师 lǜshī	弁護士	H4	请律师办理 qǐng lǜshī bànlǐ 弁護士に手続きを頼む
50	农民 nóngmín	農民	H5	
51	售货员 shòuhuòyuán	店員、販売員	H4	
52	同事 tóngshì	同僚	H3 中3	我们俩是同事 wǒmen liǎ shì tóngshì 私たち2人は同僚だ
53	职业 zhíyè	職業	H4 中4	
54	作家 zuòjiā	作家、著述家	H4 中3	
55	作者 zuòzhě	作者、筆者、著者	H4	

058

●名詞　(2)日常生活

	語	意味	レベル	例
56	冰箱 bīngxiāng	冷蔵庫	H3 中準4	
57	衬衫 chènshān	【件】ワイシャツ、ブラウス	H3 中準4	
58	厨房 chúfáng	台所、キッチン	H4 中4	下厨房 xià chúfáng 厨房に入る

No.	単語	意味	級	例
59	吹风机 chuīfēngjī	ドライヤー		用吹风机吹干头发 yòng chuīfēngjī chuīgàn tóufa ドライヤーで頭髪を乾かす
60	大衣 dàyī	オーバー、外套	中4	穿大衣 chuān dàyī オーバーを着る
61	灯 dēng	明かり、照明	H3 中3	开灯 kāi dēng 明かりをつける
62	电梯 diàntī	エレベーター	H3 中準4	扶手电梯 fúshǒu diàntī エスカレーター
63	地震 dìzhèn	地震		发生地震 fāshēng dìzhèn 地震が発生する
64	地址 dìzhǐ	住所、アドレス	H4 中4	邮箱地址 yóuxiāng dìzhǐ メールアドレス
65	风景 fēngjǐng	風景	H5 中3	
66	隔壁 gébì	隣家、隣室、隣人	H5	隔壁邻居 gébì língjū 隣近所の人々
67	购物 gòuwù	買い物 [動]買物をする	H4	网上购物 wǎngshang gòuwù ネットショッピング
68	盒子 hézi	小箱、ケース [参]大箱は箱子xiāngzi	H4	打开盒子 dǎkāi hézi 箱を開ける
69	火 huǒ	火 [形]盛んである	H4 中3	点火 diǎn huǒ 火をつける　生意很火 shēngyi hěn huǒ 商売は繁盛している
70	家具 jiāju	【套tào】家具	H4 中3	
71	景色 jǐngsè	景色、風景	H4 中3	

No.	単語	意味	級	例
72	镜子 jìngzi	鏡	H4 中4	照镜子看 zhào jìngzi kàn 鏡に映して見る
73	聚会 jùhuì	会合、パーティー	H4 中3	举办聚会 jǔbàn jùhuì パーティーを開く
74	空调 kōngtiáo	【台】エアコン	中準4	关空调 guān kōngtiáo エアコンを止める
75	垃圾 lājī	ごみ ［参］垃圾箱lājīxiāngごみ箱	H4 中4	公共垃圾箱 gōnggòng lājīxiāng (公共施設の)分別ごみ箱
76	领带 lǐngdài	ネクタイ	H5 中3	打领带 dǎ lǐngdài ネクタイを締める
77	零钱 língqián	小銭、ばら銭、(找を伴って)つり銭	H4	找零钱 zhǎo língqián おつりを出す
78	礼物 lǐwù	【件】プレゼント	H3 中準4	送礼物 sòng lǐwù プレゼントを贈る
79	毛巾 máojīn	タオル	H4 中準4	一条毛巾 yì tiáo máojīn タオル1本
80	帽子 màozi	【顶】帽子	H3 中準4	戴帽子 dài màozi 帽子をかぶる
81	盘子 pánzi	大皿 ［参］小皿は碟子diézi	H3	两个盘子 liǎng ge pánzi 大皿2枚
82	墙 qiáng	壁	H5 中準4	墙上贴着一张地图 qiángshang tiēzhe yì zhāng dìtú 壁に地図が1枚貼ってある
83	日记 rìjì	日記	H4 中3	记(写)日记 jì (xiě) rìjì 日記をつける
84	沙发 shāfā	ソファ	H4 中準4	

No.	単語	意味	級	例文
85	生活 shēnghuó	日常生活、暮らし	H4 中準4	
86	声音 shēngyīn	音、声	H3 中準4	电视的声音 diànshì de shēngyīn テレビの音 她的声音特别好听 tā de shēngyīn tèbié hǎotīng 彼女の声はとても美しい
87	塑料袋 sùliàodài	ポリ袋、ビニール袋	H4	塑料袋是收费的 sùliàodài shì shōufèi de ポリ袋は有料だ
88	T恤衫 Txùshān	Tシャツ		一件T恤衫 yí jiàn Txùshān Tシャツ1枚
89	袜子 wàzi	靴下	H4 中4	一双袜子 yì shuāng wàzi 靴下1足
90	微波炉 wēibōlú	電子レンジ		
91	温度 wēndù	温度	H4 中3	温度很低 wēndù hěn dī 温度が低い
92	笑话 xiàohua	笑い話 [動]人を笑いものにする	H4 中4	说(讲)笑话 shuō (jiǎng) xiàohua 笑い話をする
93	行李 xíngli	【件】荷物、トランク	H3 中準4	带行李 dài xíngli 荷物を持つ
94	洗手间 xǐshǒujiān	トイレ、手洗い	H3 中準4	
95	洗衣机 xǐyījī	洗濯機	中準4	
96	牙膏 yágāo	歯磨き	H4	

	単語	意味	例
97	眼镜 yǎnjìng	【副fù】メガネ H4 中準4	戴眼镜 dài yǎnjìng メガネをかける
98	颜色 yánsè	①色、色彩 ②ひどい目、痛い目 H2 中準4	颜色很好看 yánsè hěn hǎokàn 色がきれいだ / 给他点儿颜色看 gěi tā diǎnr yánsè kàn 彼を痛い目にあわせてやれ
99	钥匙 yàoshi	【把】カギ H4 中準4	用钥匙开锁 yòng yàoshi kāi suǒ カギで錠をあける
100	邮票 yóupiào	郵便切手 中準4	贴邮票 tiē yóupiào 切手を貼る
101	游戏 yóuxì	遊び、ゲーム H3 中3	玩儿电子游戏 wánr diànzǐ yóuxì (コンピュータ)ゲームをする
102	照片 zhàopiàn	【张】写真 H3 中準4	

●名詞　(3)食物

059

	単語	意味	例
103	饼干 bǐnggān	【块】ビスケット H4	
104	冰激凌 bīngjilíng	アイスクリーム H5 中3	
105	蛋糕 dàngāo	ケーキ H3 中4	生日蛋糕 shēngri dàngāo バースデーケーキ
106	果汁 guǒzhī	果汁、ジュース H4 中3	
107	橘子 júzi	ミカン〔参〕しばしば桔子と表記 中準4	
108	烤鸭 kǎoyā	アヒルの丸焼き H4 中3	点一只北京烤鸭 diǎn yì zhī Běijīng kǎoyā 北京ダックを1羽注文する

No.	単語	意味	レベル	例
109	矿泉水 kuàngquánshuǐ	ミネラルウォーター	H4	
110	萝卜 luóbo	ダイコン		
111	馒头 mántou	マントウ(中国式蒸しパン)	H5 中準4	
112	葡萄 pútao	ブドウ	H4 中4	葡萄酒 pútaojiǔ ワイン
113	巧克力 qiǎokèlì	チョコレート	H4	一块巧克力 yí kuài qiǎokèlì チョコレート1枚
114	食品 shípǐn	食品、食べ物		
115	糖 táng	飴、砂糖	H4 中準4	放糖 fàng táng 砂糖を入れる
116	汤 tāng	スープ	H4 中準4	喝汤 hē tāng スープを飲む
117	香蕉 xiāngjiāo	バナナ	H3 中準4	一根香蕉 yì gēn xiāngjiāo バナナ1本
118	西红柿 xīhóngshì	トマト	H4 中4	
119	盐 yán	塩	H4 中準4	放盐 fàng yán 塩を入れる
120	饮料 yǐnliào	ドリンク、飲み物	H3 中3	冷饮(料) lěngyǐn (liào) 清涼飲料、コールドドリンク
121	菜单 càidān	料理のメニュー	H3 中準4	请给我看看菜单 qǐng gěi wǒ kànkan càidān メニューをちょっと見せてください

No.	単語	意味	レベル	例
122	菜刀 càidāo	料理包丁	H4	一把菜刀 yì bǎ càidāo 料理包丁1本
123	叉子 chāzi	フォーク	H5	用叉子吃意大利面 yòng chāzi chī Yìdàlì miàn フォークでパスタを食べる
124	碟子 diézi	小皿 ［参］大皿は盘子pánzi		
125	瓶子 píngzi	ビン	H3 中4	瓶子碎了 píngzi suì le 瓶が割れた
126	勺子 sháozi	しゃもじ、(大ぶりな)さじ、ひしゃく ［参］南方では调羹tiáo gēng	H4 中4	

060

●名詞　(4)動植物・自然

No.	単語	意味	レベル	例
127	猴子 hóuzi	【只】サル	H5 中4	
128	鸡 jī	【只】ニワトリ ［参］公鸡 gōngjī オンドリ、母鸡 mǔ jī メンドリ	中準4	
129	老虎 lǎohǔ	【只】トラ	H4	
130	马 mǎ	【匹】ウマ	H3 中準4	
131	鸟 niǎo	【只】トリ	H3 中準4	养鸟 yǎng niǎo 鳥を飼う
132	牛 niú	【头】ウシ(形)(牛のような)頑固な性質の ［参］牛市→［対］熊市xióngshì: 弱気相場	中準4	牛肉面 niúròu miàn 牛肉麺　牛市 niúshì 強気相場
133	狮子 shīzi	【头】ライオン	H5	

134	羊 yáng	【只,头】ヒツジ 中準4	涮羊肉 shuàn yángròu ヒツジ肉のしゃぶしゃぶ
135	猪 zhū	【口,头】ブタ H5 中準4	他属猪 tā shǔ zhū 彼は亥年だ　猪肉价格上涨 zhūròu jiàgé shàngzhǎng 豚肉の価格が上昇した
136	空气 kōngqì	空気 H4 中4	换一下房间的空气 huàn yíxià fángjiān de kōngqì 部屋を換気する
137	晴天 qíngtiān	晴天、晴れ H2 中4	大晴天 dà qíngtiān 快晴
138	太阳 tàiyáng	太陽 H3 中準4	出太阳了 chū tàiyáng le 陽が昇った
139	阳光 yángguāng	日光、陽光 H4 中3	阳光充足 yángguāng chōngzú 日当たりがよい
140	阴天 yīntiān	曇り、曇天 H2 中4	今天阴天 jīntiān yīntiān 今日は曇りだ
141	月亮 yuèliang	月 H3 中準4	十五的月亮 shíwǔ de yuèliang 十五夜の月
142	云 yún	雲 ［参］口語では云彩yúncai H4 中準4	明天晴转多云 míngtiān qíng zhuǎn duōyún 明日は晴れのち曇りだ
143	树 shù	【棵】木、樹木 H3 中準4	种树 zhòng shù 木を植える
144	叶子 yèzi	葉 H4	树叶子掉光了 shù yèzi diàoguāng le すっかり落葉した
145	植物 zhíwù	植物 H4	采集植物 cǎijí zhíwù 植物を採取する

061

●名詞　(5)衛生・身体

No.	単語	意味	レベル	例文
146	鼻子 bízi	【个】鼻	H3 中準4	
147	耳朵 ěrduo	【个,只】耳	H3 中準4	
148	胳膊 gēbo	腕(肩から手首まで)	H4	
149	汗 hàn	汗	H4 中3	出了一身汗 chūle yì shēn hàn 体中汗をかいた
150	脚 jiǎo	【只】足(くるぶしから下の部分)	H3 中準4	
151	口罩 kǒuzhào	マスク		戴口罩 dài kǒuzhào マスクをつける
152	力气 lìqi	(肉体的)力	H4 中3	很有力气 hěn yǒu lìqi 力が強い
153	皮肤 pífū	皮膚、肌	H4 中3	皮肤晒黑了 pífū shàihēi le 肌が日焼けした
154	生命 shēngmìng	生命	H4 中3	牺牲生命 xīshēng shēngmìng 生命を犠牲にする
155	头发 tóufa	髪の毛	H3 中準4	长头发 zhǎng tóufa 髪がのびる
156	腿 tuǐ	足(くるぶしから太股までの部分)	H3 中準4	两条腿 liǎng tiáo tuǐ 2本足
157	血 xiě	血→[異]xuè(書面語の場合)	H5 中4	流了很多血 liúle hěn duō xiě 大量の血を流した

No.	単語	意味	級	例
158	眼睛 yǎnjing	【只】目	H2 中準4	两只眼睛 liǎng zhī yǎnjing 2つの目
159	嘴 zuǐ	【张】口	H3 中準4	一张嘴 yì zhāng zuǐ 1つの口

062

●名詞　(6)家屋・公共場所

No.	単語	意味	級	例
160	宾馆 bīnguǎn	ホテル	H2 中3	
161	大使馆 dàshǐguǎn	大使館 ［参］しばしば使馆と略す	H4 中4	
162	地点 dìdiǎn	地点、場所、位置	H4 中3	
163	花园 huāyuán	花園、(草花を植えた)庭園、庭		
164	加油站 jiāyóuzhàn	ガソリンスタンド	H4	
165	客厅 kètīng	応接間、リビング	H4 中3	
166	楼 lóu	①2階建て以上の建物・ビル ②建物の階・フロア	H3 中準4	一座楼 yí zuò lóu 1棟のビル 食堂在二楼 shítáng zài èr lóu 食堂は2階にある
167	桥 qiáo	橋	H4 中準4	一座大桥 yí zuò dàqiáo 1本の大橋
168	入口 rùkǒu	入り口	H4	车站入口 chēzhàn rùkǒu 駅の入り口
169	座位 zuòwei	①席、座席　②座るもの、椅子(坐位とも記す)	H4 中3	安排座位 ānpái zuòwei 席順を決める

063

●名詞　(7)教育・文化

170	表格 biǎogé	【张】表、記入フォーム H4 中4	填写表格 tiánxiě biǎogé 記入用紙を埋める
171	词语 cíyǔ	語句、字句 H4	不懂的词语 bù dǒng de cíyǔ わからない言葉
172	黑板 hēibǎn	黒板 H3 中4	写在黑板上 xiězài hēibǎnshang 黒板に書く
173	题 tí	【道dào】①題、題目 ②(練習や試験の)問題 H2 中3	这道题太难了 zhè dào tí tài nán le この問題は難しすぎる
174	橡皮 xiàngpí	①消しゴム ②ゴム製品全般 H4 中準4	一块橡皮 yí kuài xiàngpí 消しゴム1つ
175	页 yè	ページ H4 中4	第二页 dì'èr yè 2ページ目
176	成绩 chéngjì	成績, 成果 H3 中4	学习成绩 xuéxí chéngjì 勉学の成績　工作成绩 gōngzuò chéngjì 勤務評定
177	答案 dá'àn	答案、解答、答え H4	标准答案 biāozhǔn dá'àn 模範解答
178	学分 xuéfēn	単位	十个学分 shí ge xuéfēn 10単位
179	学期 xuéqī	学期 [参]中国は新学年が秋学期(9月)から始まり、春学期が旧正月明けから始まる H4 中3	学期已经结束了 xuéqī yǐjing jiéshù le 学期はもう終わった
180	小学 xiǎoxué	小学校 中準4	上小学 shàng xiǎoxué 小学校に入学する、通う
181	初中 chūzhōng	中学校 中4	上初中 shàng chūzhōng 中学校に入学する、通う

No.	単語	意味	級	例
182	高中 gāozhōng	高校	中4	考高中 kǎo gāozhōng 高校を受験する
183	硕士 shuòshì	(大学院)修士	H4	读硕士 dú shuòshì 修士課程で学ぶ
184	博士 bóshì	(大学院)博士	H4	读博士 dú bóshì 博士課程で学ぶ
185	研究生 yánjiūshēng	大学院生	中3	考研究生 kǎo yánjiūshēng 大学院を受ける
186	校长 xiàozhǎng	校長、学長	H3	大学校长 dàxué xiàozhǎng 大学学長
187	钢琴 gāngqín	ピアノ	H4 中準4	弹钢琴 tán gāngqín ピアノを弾く
188	科学 kēxué	科学[形]科学的である	H4 中4	科学家 kēxué jiā 科学者　不科学 bù kēxué 科学的でない
189	普通话 pǔtōnghuà	共通語としての中国語	H4 中4	不会说普通话 bú huì shuō pǔtōnghuà 普通話(共通語)を話せない
190	数学 shùxué	数学	H3 中4	
191	体育 tǐyù	体育、スポーツ	H3 中4	
192	文化 wénhuà	①文化 ②教養	H3 中準4	这个人没有文化 zhège rén méiyǒu wénhuà この人は教養がない
193	文学 wénxué	文学	H5 中準4	
194	文章 wénzhāng	【篇】①文章、論文 ②広く著作を指す	H4 中4	看这篇文章就够了 kàn zhè piān wénzhāng jiù gòu le この文章を読めば十分だ

195	**句子** jùzi	文、センテンス H3 中4	造一个句子 zào yí ge jùzi フレーズを作る
196	**语法** yǔfǎ	文法 H4 中4	学外语需要学语法 xué wàiyǔ xūyào xué yǔfǎ 外国語を学ぶには文法を学ぶ必要がある
197	**语言** yǔyán	言語、言葉、(比喩的に)話題 H4	他们之间没有共同语言 tāmen zhī jiān méiyǒu gòngtóng yǔyán 彼らの間には共通の話題がない
198	**知识** zhīshi	知識 H4 中4	知识就是力量 zhīshi jiùshì lìliang 知識は力なり　知识产权 zhīshi chǎnquán 知的所有権
199	**信封** xìnfēng	【个】封筒 H4 中4	封上信封 fēngshang xìnfēng 手紙を封する
200	**故事** gùshi	物語、ストーリー H3 中準4	给孩子讲故事 gěi háizi jiǎng gùshi 子どもに物語を話してあげる
201	**观众** guānzhòng	観客、観衆 H4 中3	吸引观众 xīyǐn guānzhòng 観客を引きつける
202	**节目** jiémù	番組、出し物 H3 中4	电视节目 diànshì jiémù テレビ番組
203	**京剧** Jīngjù	京劇 H4 中3	演京剧 yǎn Jīngjù 京劇を演ずる
204	**演出** yǎnchū	公演、上演 H4 中4	演出很成功 yǎnchū hěn chénggōng 公演は成功した
205	**演员** yǎnyuán	俳優、役者 H4 中4	当演员 dāng yǎnyuán 俳優になる
206	**艺术** yìshù	①芸術 ②技術、テクニック H4 中4	提高斗争艺术 tígāo dòuzhēng yìshù 闘争のテクニックを向上させる
207	**篮球** lánqiú	バスケットボール H2 中準4	打篮球 dǎ lánqiú バスケットボールをする

208 兵乓球 pīngpāngqiú	ピンポン、卓球 H4 中準4	打乒乓球 dǎ pīngpāngqiú 卓球をする
209 羽毛球 yǔmáoqiú	バドミントン H4	打羽毛球 dǎ yǔmáoqiú バドミントンをする

064

●名詞 (8)社会・経済

210 法律 fǎlǜ	法律 H4 中3	制定法律 zhìdìng fǎlǜ 法律を制定する
211 工厂 gōngchǎng	工場 H5 中4	办工厂 bàn gōngchǎng 工場を経営する
212 工人 gōngrén	労働者 H5 中4	
213 工资 gōngzī	給料、賃金 H4 中4	拿工资 ná gōngzī 給料をもらう　发工资 fā gōngzī 給料を出す
214 广告 guǎnggào	広告 H4	登广告 dēng guǎnggào 広告を出す
215 股东 gǔdōng	株主、出資者 H6	给股东分红 gěi gǔdōng fēnhóng 株主に配当する
216 顾客 gùkè	顧客、お客、お得意 H4 中3	顾客是上帝 gùkè shì shàngdì 顧客は神様だ
217 国籍 guójí	国籍 H4	双重国籍 shuāngchóng guójí 二重国籍
218 国际 guójì	国際 H4 中4	国际关系 guójì guānxi 国際関係
219 国家 guójiā	国家 H3 中準4	

No.	単語	意味	レベル	例
220	合同 hétong	契約	H6 中3	签订合同 qiāndìng hétong 契約を結ぶ
221	环境 huánjìng	環境、周囲の状況	H3 中4	环境保护（环保） huánjìng bǎohù (huánbǎo) 環境保護
222	会议 huìyì	会議（しばしば政治協商会議など政治機構を指す）	H3 中3	召开会议 zhàokāi huìyì 会議を開く
223	护照 hùzhào	パスポート	H3 中準4	办护照 bàn hùzhào パスポートを（手続きして）とる
224	奖金 jiǎngjīn	ボーナス、奨励金	H4	拿奖金 ná jiǎngjīn ボーナスをもらう
225	经济 jīngjì	経済 ［形］経済的だ	H4 中4	宏观经济 hóngguān jīngjì マクロ経済
226	经历 jīnglì	経歴、経験、体験 ［動］経験する、体験する	H4 中3	生活经历 shēnghuó jīnglì 生活上の体験
227	经理 jīnglǐ	マネージャー、支配人	H3	总经理 zǒngjīnglǐ 社長
228	技术 jìshù	技術	H4 中4	技术创新 jìshù chuàngxīn 技術のイノベーション
229	客户 kèhù	取引先、クライアント	H6	满足客户的要求 mǎnzú kèhù de yāoqiú 取引先の要望を満たす
230	老板 lǎobǎn	（個人経営の商工業の）経営者、店主	H5 中4	老板娘 lǎobǎnniáng （店の）おかみ
231	力量 lìliang	①（肉体的）力 ②能力、効力 ③勢力	中3	他的力量很大 tā de lìliang hěn dà 彼はなかなか力持ちだ／政治力量 zhèngzhì lìliang 政治勢力
232	贸易 màoyì	貿易、交易、商取引	H6 中4	对外贸易 duìwài màoyì 外国貿易

No.	単語	意味	レベル	例
233	媒体 méitǐ	テレビ、新聞などのメディア	中3	电视媒体的影响力 diànshì méitǐ de yǐngxiǎnglì テレビメディアの影響力
234	名片 míngpiàn	名刺	H5 中3	一张名片 yì zhāng míngpiàn 1枚の名刺
235	民族 mínzú	民族	H4 中4	多民族国家 duō mínzú guójiā 多民族国家
236	签证 qiānzhèng	ビザ	H4 中4	办签证 bàn qiānzhèng ビザをとる
237	任务 rènwu	任務、仕事、役目、ノルマ	H4	完成任务 wánchéng rènwu 任務を完了する
238	商务 shāngwù	ビジネス、商務	H6	电子商务 diànzǐ shāngwù eコマース、電子商取引
239	社会 shèhuì	社会	H4 中4	少子化是严重的社会问题 shǎozǐhuà shì yánzhòng de shèhuì wèntí 少子化は深刻な社会問題だ
240	生意 shēngyi	商売、ビジネス	H4 中3	她很会做生意 tā hěn huì zuò shēngyi 彼女は商売が上手だ
241	市场 shìchǎng	市場、マーケット	H5	农产品批发市场 nóngchǎnpǐn pīfā shìchǎng 農産品の卸売市場
242	收入 shōurù	収入、所得	H4	收入差距很大 shōurù chājù hěn dà 所得格差が大きい
243	效果 xiàoguǒ	効果	H4 中3	对腰疼有效果 duì yāoténg yǒu xiàoguǒ 腰痛に効果がある
244	新闻 xīnwén	ニュース	H3 中準4	新闻工作者 xīnwén gōngzuòzhě ジャーナリスト

No.	単語	意味	級	例
245	信息 xìnxī	①消息、便り ②情報、コンピュータで用いる情報	H4 中3	提供信息 tígōng xìnxī 情報を提供する　信息库 xìnxī kù データベース
246	信用卡 xìnyòngkǎ	クレジットカード	H3 中3	一张信用卡 yì zhāng xìnyòngkǎ 1枚のクレジットカード
247	压力 yālì	圧力、プレッシャー	H4	工作压力很大 gōngzuò yālì hěn dà 仕事のプレッシャーが大きい
248	意见 yìjian	①意見 ②不満、文句、異議	H4 中4	我对你有点儿意见 wǒ duì nǐ yǒu diǎnr yìjian 私は君に少し文句がある
249	责任 zérèn	責任	H4 中3	负责任 fù zérèn 責任を負う
250	质量 zhìliàng	質、品質	H4 中3	提高产品的质量 tígāo chǎnpǐn de zhìliàng 製品の品質を向上させる

065

●名詞　(9)交通・通信・IT

No.	単語	意味	級	例
251	船 chuán	船	H3 中準4	坐船去上海 zuò chuán qù Shànghǎi 船で上海に行く
252	传真 chuánzhēn	ファックス	H4 中3	发传真 fā chuánzhēn ファックスを送る
253	登机牌 dēngjīpái	搭乗券	H4	
254	高速公路 gāosù gōnglù	高速道路、ハイウェイ	H4	
255	航班 hángbān	(飛行機、船の)便、フライト	H4	飞往北京的航班 fēiwǎng Běijīng de hángbān 北京行きのフライト
256	交通 jiāotōng	交通	H4 中3	交通发达 jiāotōng fādá 交通が発達している

No.	単語	意味	級	例
257	街道 jiēdào	大通り、街路	H3	热闹的街道 rènào de jiēdào にぎやかな大通り
258	路 lù	【条】①道 ②道のり	H2 中準4	路不远 lù bù yuǎn 道は遠くない
259	短信 duǎnxìn	ショートメッセージ、SMS	H4 中3	
260	互联网 hùliánwǎng	インターネット(因特网 yīntèwǎngとも)	H4 中3	
261	密码 mìmǎ	パスワード	H4	输入密码 shūrù mìmǎ パスワードを入力する
262	网站 wǎngzhàn	ウェブサイト	H4 中3	

066

●名詞　(10)人間関係

No.	単語	意味	級	例
263	爱情 àiqíng	愛情	H4 中3	爱情很深 àiqíng hěn shēn 愛情がとても深い
264	感情 gǎnqíng	①感情、気持ち ②親密感、愛着	H4 中3	他对祖国很有感情 tā duì zǔguó hěn yǒu gǎnqíng 彼は祖国に愛着をもっている
265	好处 hǎochu	有利な点、利点	H4 中4	没有好处 méiyǒu hǎochu メリットがない
266	机会 jīhuì	チャンス、機会	H3 中準4	制造机会 zhìzào jīhuì 機会を作る
267	经验 jīngyàn	経験 [動]経験する、体験する	H4 中4	交流经验 jiāoliú jīngyàn 経験交流をする

No.	単語	意味	例文
268	理想 lǐxiǎng	理想 [形]理想的だ、満足だ H4 中4	把理想变成现实 bǎ lǐxiǎng biànchéng xiànshí 理想を現実に変える 工作很理想 gōngzuò hěn lǐxiǎng 仕事は満足のゆくものだ
269	毛病 máobìng	①欠点 ②(機器の)故障 中4	指出别人的毛病 zhǐchū biéren de máobìng 他人の欠点を指摘する 出毛病了 chū máobìng le 故障した
270	梦 mèng	夢 H4	做了一个梦 zuòle yí ge mèng 夢を見た
271	面子 miànzi	メンツ、体面 H6	丢面子 diū miànzi メンツを失う 给面子 gěi miànzi メンツを立ててやる
272	能力 nénglì	能力 H4 中4	他能力很强 tā néglì hěn qiáng 彼は能力が優れている
273	脾气 píqi	①性質、気質 ②怒りっぽい気性、かんしゃく、短気 H4 中4	他脾气很好 tā píqi hěn hǎo 彼は気立てがいい 他经常发脾气 tā jīngcháng fā píqi 彼はしょっちゅうかんしゃくを起こす
274	缺点 quēdiǎn	欠点、弱点 H4 中4	克服缺点 kèfú quēdiǎn 欠点を克服する
275	态度 tàidù	①(物事に対する)態度、姿勢、立場 ②(人の立ち居ふるまいなどの)身ぶり、物腰、態度 H4 中4	服务态度不太好 fúwù tàidù bútài hǎo 接客態度があまりよくない
276	消息 xiāoxi	ニュース、知らせ、情報 H4 中3	告诉你一个好消息 gàosu nǐ yí ge hǎo xiāoxi 君にいいニュースを1つ知らせよう
277	心情 xīnqíng	気持ち、気分 H4 中4	心情不好 xīnqíng bù hǎo 気分がよくない
278	信心 xìnxīn	自信、確信 H4 中4	没有信心 méiyǒu xìnxīn 自信がない
279	性格 xìnggé	性格、気性 H4 中4	性格开朗 xìnggé kāilǎng 性格が朗らかだ

280	兴趣 xìngqù	興味 H3 中準4	对历史感兴趣 duì lìshǐ gǎn xìngqù 歴史に興味がある
281	样子 yàngzi	様子 H4 中準4	看样子他今天不会来了 kàn yàngzi tā jīntiān bú huì lái le この様子では彼は今日来そうもない
282	印象 yìnxiàng	印象 H4 中4	留下了深刻的印象 liúxiale shēnkè de yìnxiàng 強い印象を残した
283	优点 yōudiǎn	長所、メリット H4 中3	学习人家的优点 xuéxí rénjiā de yōudiǎn ひとの長所を学ぶ
284	友谊 yǒuyì	友情、友好 H4 中3	建立友谊 jiànlì yǒuyì 友情のきずなを結ぶ
285	主意 zhǔyi	①定見、しっかりした考え ②考え、知恵、アイデア H4 中4	打定主意 dǎdìng zhǔyi 腹を決める　想到了一个好主意 xiǎngdàole yí ge hǎo zhǔyi いいアイデアを1つ思いついた

067

●名詞　(11)抽象名詞

286	标准 biāozhǔn	標準、基準 ［形］標準的だ、正確である H4 中3	发音很标准 fāyīn hěn biāozhǔn 発音はとても標準的だ
287	部分 bùfen	部分、一部 H4 中3	让一部分人先富起来 ràng yíbùfen rén xiān fùqilai 一部の人を先に豊かにする
288	材料 cáiliào	①材料、原料 ②資料、データ H4 中3	收集材料 shōují cáiliào 資料を収集する
289	道理 dàoli	筋道、道理 H5 中3	你说的话很有道理 nǐ shuōde huà hěn yǒu dàoli 君の言うことは筋が通っている
290	底 dǐ	①底 ②基礎、下地、よりどころ ③(年、月の)末 H4	心里没底 xīnli méi dǐ 心のよりどころがない(自信がない)
291	动作 dòngzuò	動作 ［動］行動する H4 中3	停止动作 tíngzhǐ dòngzuò 動作を止める

No.	単語	意味	級	例文
292	范围 fànwéi	範囲	H5	投资范围很广 tóuzī fànwéi hěn guǎng 投資の範囲が広い
293	方法 fāngfǎ	方法	H4 中4	有效的思考方法 yǒuxiào de sīkǎo fāngfǎ 有効な思考方法
294	方面 fāngmiàn	方面、面、側	H4 中4	从多方面考虑 cóng duō fāngmiàn kǎolǜ 多方面から考える
295	方式 fāngshì	方式、やり方、スタイル	H4	新的思维方式 xīn de sīwéi fāngshì 新しい思惟方式
296	方向 fāngxiàng	方向	H4 中4	指引我们前进的方向 zhǐyǐn wǒmen qiánjìn de fāngxiàng 私たちの進む方向を導く
297	感觉 gǎnjué	感じ、感触 [動]感じる	H4 中3	我个人的感觉 wǒ gèrén de gǎnjué 私個人の感触
298	工具 gōngjù	①道具、器具 ②手段	H5 中3	工具书 gōngjùshū (辞書·年鑑など調べ物に使う)書籍
299	观点 guāndiǎn	観点、見地、見方	中3	这种观点是错误的 zhè zhǒng guāndiǎn shì cuòwù de このような見方は間違っている
300	关键 guānjiàn	肝心な点、キーポイント [形]肝心だ、大事だ	H4 中3	起关键作用 qǐ guānjiàn zuòyòng 重要な役割を果たす
301	过程 guòchéng	過程、プロセス	H4	发展过程 fāzhǎn guòchéng 発展のプロセス
302	号码 hàomǎ	番号	H4 中準4	房间号码 fángjiān hàomǎ ルームナンバー
303	基础 jīchǔ	基礎、土台	H4 中4	打好基础 dǎhǎo jīchǔ 基礎を固める
304	距离 jùlí	距離、隔たり [動]離れる、隔たる	H4 中3	她的看法跟你有距离 tā de kànfǎ gēn nǐ yǒu jùlí 彼女の考えは君とは隔たりがある

No.	単語	意味	レベル	例文
305	看法 kànfǎ	見方、見解、考え	H4	发表自己的看法 fābiǎo zìjǐ de kànfǎ 自分の考えを発表する
306	目的 mùdì	目的	H4 中4	下次旅游的目的是美食 xiàcì lǚyóu de mùdì shì měishí 次の旅行の目的はグルメだ
307	内容 nèiróng	内容、コンテンツ	H4 中4	内容产业 nèiróng chǎnyè コンテンツ産業
308	情况 qíngkuàng	状況、様子、事態	H4 中4	情况非常紧急 qíngkuàng fēicháng jǐnjí 事態が非常に切迫している
309	区别 qūbié	違い、区別 [動]区別する	H4 中4	重要的区别 zhòngyào de qūbié 重要な違い 区别好坏 qūbié hǎohuài 良し悪しを区別する
310	全部 quánbù	すべて、全部	H4 中4	用全部力量 yòng quánbù lìliang ありったけの力を使う
311	数量 shùliàng	数量、数	H4 中3	数量不够 shùliàng búgòu 数が足りない
312	数码 shùmǎ	①数字 ②デジタル	H5 中3	数码信息服务 shùmǎ xìnxī fúwù デジタル情報サービス
313	数字 shùzì	①数字 ②デジタル(の)	H4 中4	阿拉伯数字 ālābó shùzì アラビア数字 数字相机 shùzì xiàngjī デジタルカメラ
314	水平 shuǐpíng	レベル、水準	H3 中4	提高生活水平 tígāo shēnghuó shuǐpíng 生活レベルを高める
315	顺序 shùnxù	順序	H4	请按顺序排队 qǐng àn shùnxù páiduì 順序に従って列に並んでください
316	速度 sùdù	速度、スピード	H4 中3	加快速度 jiākuài sùdù スピードを上げる
317	特点 tèdiǎn	特徴	H4 中4	四川菜的特点 Sìchuān cài de tèdiǎn 四川料理の特徴

318	条件 tiáojiàn	①条件 ②状況、環境 H4 中4	有利的条件 yǒulì de tiáojiàn 有利な条件　最好的学习条件 zuì hǎo de xuéxí tiáojiàn 最良の学習環境
319	原因 yuányīn	原因 H4 中4	解释原因 jiěshì yuányīn 原因を説明する
320	重点 zhòngdiǎn	重点、要点 [形]重要な H4 中3	抓住重点 zhuāzhù zhòngdiǎn 要点をしっかり押さえる
321	作用 zuòyòng	①作用 ②効果、役割、影響 H4 中4	发挥作用 fāhuī zuòyòng 役割を発揮する

068

●名詞　(12)地名

322	北方 běifāng	①北方 ②(中国の)北方地域 H3 中4	
323	长城 Chángchéng	万里の長城 H4	
324	长江 Chángjiāng	長江 H4	
325	城市 chéngshì	都市 H3 中4	城市规划 chéngshì guīhuà 都市計画
326	地球 dìqiú	地球 H4	
327	海洋 hǎiyáng	海洋 H4	
328	河 hé	【条】河川 H3 中準4	
329	黄河 Huánghé	黄河 H3	

No.	単語	意味	級	例
330	郊区 jiāoqū	郊外、近郊	H4	
331	农村 nóngcūn	農村	H5 中3	农村户口 nóngcūn hùkǒu 農村戸籍
332	森林 sēnlín	森林	H4	一大片森林 yí dàpiàn sēnlín 見渡す限りの森
333	世界 shìjiè	世界	H3 中準4	
334	首都 shǒudū	首都	H4 中4	
335	亚洲 Yàzhōu	アジア	H4	
336	周围 zhōuwéi	周囲、周り	H4 中4	

069

●名詞　(13)時間

No.	単語	意味	級	例
337	当时 dāngshí	当時、そのとき、その頃	H4 中3	当时正好在做饭 dāngshí zhènghǎo zài zuò fàn そのとき、ちょうど食事を作っていた
338	工夫 gōngfu	①費やされる時間 ②暇	H4 中3	用两天的工夫 yòng liǎng tiān de gōngfu 2日間を費やす / 没有功夫 méiyǒu gōngfu 暇がない
339	过去 guòqù	過去	H3 中4	回顾过去 huígù guòqù 過去を振り返る
340	季节 jìjié	季節、シーズン	H3	旅游季节 lǚyóu jìjié 旅行シーズン
341	将来 jiānglái	将来	H4 中4	

No.	単語	意味	級	例
342	节日 jiérì	①記念日、祭日 ②(伝統的な)祝日、節句	H3 中準4	祝贺节日 zhùhè jiérì 祝日を祝う
343	空(儿) kòng(r)	(時間、空間)あき、すき間	中準4	明天没有空儿 míngtiān méiyǒu kòngr 明日暇がない
344	礼拜天 lǐbàitiān	日曜日(キリスト教徒が教会に行くため)	H4	
345	平时 píngshí	ふだん	H4 中4	他平时对我很好 tā píngshí duì wǒ hěn hǎo 彼はふだん私にとても親切だ
346	气候 qìhòu	気候	H4	气候温和 qìhòu wēnhé 気候が穏やかだ
347	日子 rìzi	①日、期日 ②日数	中4	今天是什么日子? jīntiān shì shénme rìzi? 今日はどんな日ですか?
348	世纪 shìjì	世紀	H4 中4	本世纪初 běn shìjì chū 今世紀初め
349	现代 xiàndài	現代、近代的な	H5 中4	现代工业 xiàndài gōngyè 近代的な工業
350	周末 zhōumò	週末	H3 中3	度周末 dù zhōumò 週末を過ごす
351	最后 zuìhòu	最後	H3 中4	
352	最近 zuìjìn	最近、このごろ	H3 中準4	

070

●動詞 (1)思考認識・判断

No.	単語	意味	級	例
353	包括 bāokuò	含める	H5 中3	包括他，一共有八个人 bāokuò tā, yígòng yǒu bā ge rén 彼を含めて計8人だ

No.	単語	意味	級	例文
354	发现 fāxiàn	①発見する ②気づく、見つける	H3 中3	发现了一个秘密 fāxiànle yí ge mìmì 秘密を1つ見つけた
355	符合 fúhé	合致する、一致する	H4 中3	符合多数人的利益 fúhé duōshù rén de lìyì 多くの人の利益に合致する
356	改变 gǎibiàn	①変わる ②変える、変更する	H4 中3	改变主意 gǎibiàn zhǔyi 考えを変える
357	估计 gūjì	見積もる、推測する、～と見込む	H4 中3	我估计他一定不会来 wǒ gūjì tā yídìng bú huì lái 私は彼はきっと来ないと思う
358	回忆 huíyì	思い出す [名]思い出	H4	回忆往事 huíyì wǎngshì 昔の事を思い出す
359	记得 jìde	覚えている	H3 中3	你还记得我吗? nǐ hái jìde wǒ ma? 君は私をまだ覚えていますか?
360	考虑 kǎolǜ	考慮する、考える	H4 中3	考虑别人的心情 kǎolǜ biéren de xīnqíng 人の気持ちを考える
361	理解 lǐjiě	(感情の面から)理解する	H4 中3	理解心情 lǐjiě xīnqíng 気持ちを理解する
362	了解 liǎojiě	①(客観的に)理解する ②調べる、問い合わせる	H3 中4	你去了解一下 nǐ qù liǎojiě yíxià ちょっと問い合わせてみなさい
363	判断 pànduàn	判断する	H4	判断是非 pànduàn shìfēi 是非を判断する
364	认为 rènwéi	(客観的に判断して)～と考える、～と思う	H3 中4	我认为他的看法是对的 wǒ rènwéi tā de kànfǎ shì duì de 私は彼の考えは正しいと思う
365	算 suàn	①計算する ②～と見なす ③(算了)やめにする	中3	怎么算房费? zěnme suàn fángfèi? 部屋代をどう計算しますか?
366	忘记 wàngjì	忘れる	H3 中4	别忘记带护照来 bié wàngjì dài hùzhào lai パスポートの携帯を忘れないで

No.	単語	意味	例文
367	以为 yǐwéi	～と思う、(事実でないことを事実だと)思いこむ H4 中4	我以为是谁，原来是你 wǒ yǐwéi shì shéi, yuánlái shì nǐ だれかと思ったら、君だったのか
368	值得 zhíde	～するだけの値打ちがある H4 中3	值得尊敬的人 zhíde zūnjìng de rén 尊敬に値する人
369	注意 zhùyì	注意する、気を配る H3 中準4	怎么注意身体健康? zěnme zhùyì shēntǐ jiànkāng? 身体の健康にはどのように気を配っていますか?

071

●動詞　(2)思考認識・遂行

No.	単語	意味	例文
370	表达 biǎodá	表現する H5 中3	表达自己的想法 biǎodá zìjǐ de xiǎngfǎ 自分の考え方を表す
371	表示 biǎoshì	表す、示す H4 中4	表示感谢 biǎoshì gǎnxiè 謝意を表する
372	表扬 biǎoyáng	表彰する、ほめる H4 中4	表扬他有进步 biǎoyáng tā yǒu jìnbù 彼が進歩したのをほめる
373	猜 cāi	(なぞや答えを)当てる H4 中4	猜猜我手里有什么 cāicai wǒ shǒuli yǒu shénme 私の手の中になにがあるか当ててごらん
374	答应 dāying	①返事する ②承諾する 中4	老师答应我们的要求 lǎoshī dāying wǒmen de yāoqiú 先生は私たちの頼みを聞いてくれた
375	反对 fǎnduì	反対する H4 中4	有反对的意见吗? yǒu fǎnduì de yìjian ma? 反対の意見はありますか?
376	负责 fùzé	責任を負う H4 中3	谁负责? shéi fùzé? だれが責任を負うのか?
377	鼓励 gǔlì	励ます H4 中3	鼓励学生多发言 gǔlì xuésheng duō fāyán 学生により多く発言するよう励ます
378	规定 guīdìng	規定する、定める H4 中3	在规定的地点集合 zài guīdìng de dìdiǎn jíhé 定められた場所に集合する

No.	単語	意味	例文
379	获得 huòdé	(抽象的なものを)獲得する、得る H4 中3	获得成功 huòdé chénggōng 成功を収める
380	计划 jìhuà	計画する [名]計画 H4 中4	他们计划明天出发 tāmen jìhuà míngtiān chūfā 彼らは明日出発する予定です
381	坚持 jiānchí	①堅持する、固執する ②頑張って続ける、持ちこたえる H4 中3	不要老坚持错误 búyào lǎo jiānchí cuòwù いつまでも間違いに固執してはならない 坚持学汉语 jiānchí xué Hànyǔ 中国語学習をやり続ける
382	建议 jiànyì	提案する、勧める [名]②提案、プロポーザル H4 中3	我建议你去北京留学 wǒ jiànyì nǐ qù Běijīng liúxué 北京留学に行くよう勧める
383	接受 jiēshòu	受け入れる、認める H4 中3	接受别人的意见 jiēshòu biéren de yìjian 他人の意見を受け入れる
384	解决 jiějué	解決する H3 中4	这个问题很难解决 zhège wèntí hěn nán jiějué この問題は解決が難しい
385	解释 jiěshì	①説明する、解釈する ②言い訳する、釈明する H4 中3	老师解释了两遍 lǎoshī jiěshìle liǎng biàn 先生は2度説明した
386	进行 jìnxíng	行う、する、進める H4 中4	进行研究 jìnxíng yánjiū 研究を行う
387	拒绝 jùjué	断る、拒絶する H4 中3	拒绝对方的要求 jùjué duìfāng de yāoqiú 先方の要求を断る
388	决定 juédìng	決める H3	决定将来干什么 juédìng jiānglái gàn shénme 将来なにをするか決める
389	说明 shuōmíng	①説明する ②証明する、物語る H4 中準4	事实说明他不爱你 shìshí shuōmíng tā bú ài nǐ 事実は彼があなたを愛していないことを物語っている
390	提醒 tíxǐng	気づかせる、注意する H4	提醒他别忘了带护照 tíxǐng tā bié wàngle dài hùzhào 彼にパスポートを持って行くのを忘れないよう注意する

No.	単語	意味	レベル	例文
391	同意 tóngyì	同意する、賛成する	H3 中4	我不同意你的看法 wǒ bù tóngyì nǐ de kànfǎ 私は君の考えに賛成しません
392	误会 wùhuì	誤解する	H4 中4	别误会 bié wùhuì 誤解しないで
393	需要 xūyào	必要とする	H3 中4	不需要帮助 bù xūyào bāngzhù 助けはいらない
394	选择 xuǎnzé	選ぶ、選択する	H3 中4	选择对象 xuǎnzé duìxiàng 結婚相手を選ぶ
395	研究 yánjiū	①研究する ②検討する	H4 中4	请再研究一下 qǐng zài yánjiū yíxià 再検討してください
396	要求 yāoqiú	要求する [名]要求、要望	H3 中4	要求提高工资 yāoqiú tígāo gōngzī 賃上げを要求する
397	引起 yǐnqǐ	引き起こす	H4	引起强烈的反响 yǐnqǐ qiángliè de fǎnxiǎng 大きな反響を呼ぶ
398	影响 yǐngxiǎng	影響する、影響を及ぼす	H3 中4	抽烟会影响健康 chōuyān huì yǐngxiǎng jiànkāng 喫煙は健康に影響を与える
399	证明 zhèngmíng	証明する	H4	他能证明这件事 tā néng zhèngmíng zhè jiàn shì 彼はこの件を証明できる
400	准备 zhǔnbèi	①～するつもりだ、～する予定だ ②準備する	H2 中準4	他准备明年回中国 tā zhǔnbèi míngnián huí Zhōngguó 彼は来年中国に帰る予定だ
401	总结 zǒngjié	総括する、締めくくる	H4	认真总结失败经验 rènzhēn zǒngjié shībài jīngyàn 失敗の経験を真剣に総括する

072

●動詞　(3)心理活動

No.	単語	意味	レベル	例文
402	吃惊 chī//jīng	驚く、びっくりする	H4	吃了一惊 chīle yì jīng びっくりした

403	担心 dān//xīn	心配する H3 中4	他担心失业 tā dānxīn shīyè 彼は失業を心配している
404	道歉 dàoqiàn	謝る H4 中3	我向你道歉 wǒ xiàng nǐ dàoqiàn 私は君に謝ります
405	烦恼 fánnǎo	悩む [名]悩み H4 中3	人际关系令人烦恼 rénjì guānxi lìng rén fánnǎo 人間関係で悩む
406	放弃 fàngqì	放棄する、捨て去る、断念する H4	放弃自己的主张 fàngqì zìjǐ de zhǔzhāng 自分の主張を放棄する
407	放松 fàngsōng	リラックスさせる、楽にする、おろそかにする H4	请放松 qǐng fàngsōng リラックスしてください / 放松学习 fàngsōng xuéxí 勉強をなおざりにする
408	感动 gǎndòng	感動する、感動させる H4 中3	令人感动的场面 lìng rén gǎndòng de chǎngmiàn 感動的な場面
409	关心 guān//xīn	関心を持つ、気にかける H3 中4	关心人民生活 guānxīn rénmín shēnghuó 人民の生活に関心を持つ
410	害怕 hài//pà	怖がる、恐れる H3 中4	害怕狗 hàipà gǒu 犬を怖がる
411	害羞 hài//xiū	恥ずかしがる、照れる H4	这个孩子很害羞 zhège háizi hěn hàixiū この子はとてもシャイだ
412	后悔 hòuhuǐ	後悔する H4	后悔也来不及了 hòuhuǐ yě láibují le 後悔しても追いつかない
413	怀疑 huáiyí	①疑う ②推測する H4	大家都怀疑他 dàjiā dōu huáiyí tā みんなが彼を疑っている
414	激动 jīdòng	(感情が)高ぶる、興奮する、感激する H4 中3	我非常激动 wǒ fēicháng jīdòng 私は非常に感動している
415	怕 pà	①恐れる ②(寒さや熱さなどに)耐えられない、～に弱い 中準4	不怕困难 bú pà kùnnan 困難を恐れない / 我冬天很怕冷 wǒ dōngtiān hěn pà lěng 私は冬の寒さに弱い

No.	単語	意味	例文
416	批评 pīpíng	①叱る ②批判する H4 中4	被老师批评了一顿 bèi lǎoshī pīpíngle yí dùn 先生に一度叱られた
417	失望 shīwàng	失望する、がっかりする H4	不要让我失望 búyào ràng wǒ shīwàng 私をがっかりさせないで
418	同情 tóngqíng	①同情する ②共感する、同感する H4	我不想被同情 wǒ bù xiǎng bèi tóngqíng 私は同情されたくない 同情学生运动 tóngqíng xuésheng yùndòng 学生運動に共感する
419	希望 xīwàng	希望する H2 中4	希望有一天能约会 xīwàng yǒu yì tiān néng yuēhuì いつかデートしたい
420	吸引 xīyǐn	(人の注意力を)引きつける、吸い寄せる H4 中3	她的笑脸很吸引人 tā de xiàoliǎn hěn xīyǐn rén 彼女の笑顔はとても人を引きつける
421	习惯 xíguàn	慣れる [名]習慣 H3 中4	已经习惯了一个人生活 yǐjīng xíguànle yí ge rén shēnghuó 一人暮らしにはもう慣れた
422	羡慕 xiànmù	羨む、羨ましい H4 中3	我很羡慕你 wǒ hěn xiànmù nǐ あなたがとても羨ましい
423	相信 xiāngxìn	信じる H3 中4	他什么都不相信 tā shénme dōu bù xiāngxìn 彼はなにも信じない
424	小心 xiǎoxīn	気をつける H3 中準4	小心中暑 xiǎoxīn zhòngshǔ 熱中症に気をつけてください
425	兴奋 xīngfèn	興奮させる、活発にする [形]興奮している H4 中3	运动能兴奋大脑 yùndòng néng xīngfèn dànǎo スポーツは大脳を活発にする
426	原谅 yuánliàng	許す H4 中4	写错了，请原谅！ xiěcuòle, qǐng yuánliàng! 書き間違えた。許してください
427	允许 yǔnxǔ	許す、認める H4 中3	老师不允许他逃课 lǎoshī bù yǔnxǔ tā táokè 先生は彼が授業をサボるのを許さない

No.	単語	意味	級	例文
428	重视 zhòngshì	重視する	H4 中3	重视人才 zhòngshì réncái 人材を重視する
429	祝贺 zhùhè	祝う	H4 中4	祝贺你考上大学! zhùhè nǐ kǎoshang dàxué! 大学合格おめでとう
430	自信 zìxìn	自分を信じる［名］自信［形］自信がある	H4	我自信我的观点是正确的 wǒ zìxìn wǒ de guāndiǎn shì zhèngquè de 私の考えは正しいと信じている
431	尊重 zūnzhòng	尊重する、尊敬する	H4	尊重你的判断 zūnzhòng nǐ de pànduàn 君の判断を尊重する

073

●動詞　(4)身体動作

No.	単語	意味	級	例文
432	摆 bǎi	①並べる、陳列する ②～の態度を示す、～そぶりを見せる		菜都摆好了 cài dōu bǎihǎo le 料理はすべて並べた 摆架子 bǎi jiàzi 威張る
433	抱 bào	抱く	H4 中4	母亲抱着孩子 mǔqin bàozhe háizi 母親が子どもを抱いている
434	擦 cā	①こする ②拭く、ぬぐう ③塗る	H4 中4	擦皮鞋 cā píxié 靴を磨く
435	超过 chāoguò	追い越す、オーバーする	H4 中3	体重超过了六十公斤 tǐzhòng chāoguòle liùshí gōngjīn 体重が60キロをオーバーした
436	乘坐 chéngzuò	乗る	H4	首次乘坐飞机 shǒucì chéngzuò fēijī 初めて飛行機に乗る
437	出发 chūfā	出発する	H4 中準4	早点儿出发 zǎodiǎnr chūfā 早めに出発する
438	出生 chūshēng	出生する、生まれる	H4 中4	你在哪里出生的? nǐ zài nǎli chūshēng de? どこで生まれたの?
439	出现 chūxiàn	出現する、現れる	H4 中4	出现了新的局面 chūxiànle xīn de júmiàn 新しい局面が現われた

440	打开 dǎ//kāi	①開ける ②スイッチを入れる、つける	打开电视 dǎkāi diànshì テレビをつける
441	打针 dǎ//zhēn	注射する H4	我很怕打针 wǒ hěn pà dǎzhēn 私は注射が怖い
442	倒 dào	[動]①逆さまにする ②(容器を傾けて)つぐ、注ぐ、傾ける [副]なのに、かえって H4 中4	倒酒 dào jiǔ 酒をつぐ　倒垃圾 dào lājī ゴミを捨てる
443	掉 diào	落ちる、落とす H4 中3	手机掉了 shǒujī diào le 携帯電話を落とした
444	丢 diū	なくす、紛失する、失う H4 中4	护照丢了 hùzhào diū le パスポートをなくした
445	干杯 gān//bēi	乾杯する [参]中国では必ず酒を飲み干す H4 中4	祝大家成功，干杯! zhù dàjiā chénggōng, gānbēi! みなさんの成功をお祈りして乾杯!
446	赶 gǎn	①追う、追いかける ②急ぐ、間に合わせる ③追い払う H4 中3	没赶上飞机 méi gǎnshang fēijī 飛行機に間に合わなかった
447	鼓掌 gǔ//zhǎng	拍手する H5	鼓掌通过 gǔzhǎng tōngguò 拍手によって可決する
448	挂 guà	(壁などに)掛ける H4 中4	墙上挂着一幅画儿 qiángshang guàzhe yì fú huàr 壁に絵が1枚掛けてある
449	活动 huódòng	①体を動かす ②活動する H4 中4	活动一下身体吧 huódòng yíxià shēntǐ ba 身体をちょっと動かして
450	挤 jǐ	①込み合う ②押しあいする ③絞り出す 中4	大家不要挤啊! dàjiā búyào jǐ a! みなさん押しあわないで!
451	举 jǔ	①(手を)挙げる ②(事実、例を)提示する H4 中4	举手发言 jǔ shǒu fāyán 手を挙げて発言する
452	靠 kào	①寄りかかる ②近寄る ③頼る	靠近一点儿吧 kàojìn yìdiǎnr ba もう少し近寄ってください

No.	単語	意味	級	例文
453	咳嗽 késou	咳をする	H4 中4	咳嗽得很厉害 késoude hěn lìhai ひどく咳き込む
454	拉 lā	①引く ②コネをつける	H4 中4	这个人喜欢拉关系 zhège rén xǐhuan lā guānxi この人はコネをつけるのが好きだ
455	来自 láizì	～から来る	H4	很多留学生来自中国 hěn duō liúxuéshēng láizì Zhōngguó 多くの留学生は中国から来ている
456	离开 líkāi	離れる	H3 中4	我明天离开东京 wǒ míngtiān líkāi Dōngjīng 明日東京を発ちます
457	弄 nòng	①いじる ②する、やる、作る	H4 中4	他整天弄电脑 tā zhěngtiān nòng diànnǎo 彼は一日中パソコンをいじっている
458	爬山 pá//shān	登山する	H3 中準4	我打算去爬山 wǒ dǎsuan qù páshān 山登りに行くつもりだ
459	排队 pái//duì	並ぶ、整列する	H4 中3	排队买票 páiduì mǎi piào 並んで切符を買う
460	跑步 pǎo//bù	ジョギングする	H2 中4	跑步减肥需要跑多久？ pǎobù jiǎnféi xūyào pǎo duōjiǔ? ジョギングで減量するにはどのくらいの時間走る必要がありますか？
461	碰 pèng	①ぶつかる ②(ヒトや事件に)出くわす	H5 中4	碰到困难 pèngdào kùnnan 困難にぶつかる
462	破 pò	(物を)破る	H4 中4	袜子破了 wàzi pò le 靴下が破れた
463	起来 qǐlái	起きる、起き上がる	H3 中4	快起来！ kuài qǐlái! はやく起きて
464	敲 qiāo	たたく、ノックする	H4 中4	请先敲门 qǐng xiān qiāo mén どうぞ先にノックしてください

No.	語	意味	級	例文
465	取 qǔ	受け取る、引き出す	H4 中3	去银行取款 qù yínháng qǔkuǎn 銀行に金を下ろしに行く
466	扔 rēng	投げる、投げ捨てる	H4 中4	不要乱扔垃圾 búyào luàn rēng lājī ポイ捨てをするな
467	散步 sàn//bù	散歩する	H4 中準4	饭后散步一刻钟 fàn hòu sànbù yí kè zhōng 食後15分間散歩する
468	抬 tái	持ち上げる	H4 中4	把头抬起来 bǎ tóu táiqilai 顔を上げてください
469	躺 tǎng	横になる、寝そべる	H4 中4	躺着看电视 tǎngzhe kàn diànshì 寝そべってテレビを見る
470	提 tí	①手に提げる ②指摘する ③提起する	H4 中3	提问题 tí wèntí 質問する
471	贴 tiē	①(薄いものを)貼る ②(体を)くっつける ③不足を補う	中4	贴照片 tiē zhàopiàn 写真を貼る
472	偷 tōu	盗む	中4	手机被偷走了 shǒujī bèi tōuzǒu le 携帯が盗まれた
473	推 tuī	①押す ②(時間を)後に延ばす、繰り延べる	H4 中4	往后推几天 wǎng hòu tuī jǐ tiān 数日繰り延べる
474	退 tuì	①後ろへ下がる ②撤回する、キャンセルする	中3	退合同 tuì hétong 契約を解消する
475	脱 tuō	脱ぐ	H4 中4	脱大衣 tuō dàyī オーバーを脱ぐ
476	握手 wò//shǒu	握手する	H5 中4	握了握手 wòlewòshǒu ちょっと握手した
477	洗澡 xǐ//zǎo	入浴する、風呂に入る	H3 中準4	一天洗两次澡 yì tiān xǐ liǎng cì zǎo 1日2回入浴する

478 □ 醒 xǐng	①(酔いなどから)覚める ②(眠りから)覚める、目が覚める H4 中4	酒醒了 jiǔ xǐng le 酔いが覚めた
479 □ 指 zhǐ	①指さす ②～のことを言う ③指摘する H4	把问题都指出来了 bǎ wèntí dōu zhǐchulai le 問題をすべて指摘した
480 □ 转 zhuǎn	①(方向、位置を)変える、転ずる ②(手紙、電話、物全般を)転送する H4 中3	把这封信转给他 bǎ zhè fēng xìn zhuǎngěi tā この手紙を彼に転送する
481 □ 撞 zhuàng	①ぶつかる、衝突する ②ばったり出会う H5 中4	刚出门就撞车了 gāng chūmén jiù zhuàngchē le 出かけた途端に車にぶつかった

074

●動詞　(5)日常生活

482 □ 保护 bǎohù	守る、保護する H4 中3	保护环境 bǎohù huánjìng 環境を保護する
483 □ 背 bèi	①暗誦する ②背く、違反する 中4	背课文 bèi kèwén 課文を暗誦する
484 □ 变化 biànhuà	変化する H3 中4	情况一直在变化 qíngkuàng yìzhí zài biànhuà 状況はずっと変化している
485 □ 参加 cānjiā	参加する H3 中準4	参加课外活动 cānjiā kèwài huódòng 課外活動に参加する
486 □ 吵架 chǎo//jià	言い争う H5	跟她吵架 gēn tā chǎojià 彼女と口げんかする
487 □ 迟到 chídào	遅刻する H3 中準4	今天又迟到了 jīntiān yòu chídào le 今日また遅刻した
488 □ 打扮 dǎban	着飾る、扮装する H4 中3	打扮得很漂亮 dǎbande hěn piàoliang きれいに着飾っている
489 □ 打印 dǎ//yìn	(プリンターなどで)印刷する H4	打印文件 dǎyìn wénjiàn 文書をプリントアウトする

490	打招呼 dǎ zhāohu	①あいさつする ②(事前または事後に)知らせる H4	搬家提前和我打招呼 bānjiā tíqián hé wǒ dǎ zhāohu 引っ越すなら前もって一声かけてください
491	当 dāng	～になる H4 中準4	当会计师 dāng kuàijìshī 公認会計士になる
492	打扰 dǎrǎo	邪魔する H4 中3	对不起，打扰你们了！ duìbuqǐ, dǎrǎo nǐmen le! ごめんなさい、お邪魔しました
493	得到 dé//dào	①得る、手に入れる ②～を受ける 中4	得到帮助 dédào bāngzhù 援助を得る
494	读 dú	①(学校で)学ぶ ②(本を)読む H1 中3	在大学读二年级 zài dàxué dú èr niánjí 大学2年に在学している
495	锻炼 duànliàn	体を鍛える H3 中4	锻炼身体 duànliàn shēntǐ 体を鍛える
496	断 duàn	①切れる、折れる ②断絶する、途切れる H5	和他们的联系断了 hé tāmen de liánxì duàn le 彼らとのコネクションが切れた
497	对话 duìhuà	対話する ［名］対話 H4 中4	用汉语对话 yòng Hànyǔ duìhuà 中国語で対話する
498	发生 fāshēng	発生する、起こる H4 中4	发生了什么？ fāshēngle shénme? なにが起きたのですか？
499	翻译 fānyì	翻訳する、通訳する ［名］通訳 H4 中4	帮我翻译一下 bāng wǒ fānyì yíxià ちょっと通訳してください
500	反映 fǎnyìng	①反映する ②(上に)報告する、伝達する ［名］(下からの)評判やうわさの類 H5	向领导反映情况 xiàng lǐngdǎo fǎnyìng qíngkuàng 上司に状況を報告する
501	付款 fù//kuǎn	金を払う H4	货到付款 huò dào fùkuǎn 代引払い(COD)
502	复印 fùyìn	コピーする H4	请复印两份 qǐng fùyìn liǎng fèn 2部コピーしてください

No.	単語	意味	級	例
503	搞 gǎo	(物事を)する、やる(特定の目的語と結びついて常用表現を構成する)	中4	搞关系 gǎo guānxi コネをつける
504	够 gòu	足りる	H4 中4	钱不够 qián búgòu 金が足りない
505	逛 guàng	ぶらぶらする、見物する	H4 中4	逛夜市 guàng yèshì 夜市をぶらつく
506	合格 hégé	合格する、規格に合う	H4	质量合格 zhìliàng hégé 品質が規格に合う
507	画 huà	(絵を)描く [名]画儿(絵)	H3 中準4	画一幅画儿 huà yì fú huàr 絵を1枚描く
508	换 huàn	①交換する ②両替する	H3 中準4	把日元换成人民币 bǎ Rìyuán huànchéng Rénmínbì 日本円を人民元に換える
509	积累 jīlěi	蓄える [名]蓄積	H4 中3	积累很多经验 jīlěi hěn duō jīngyàn 多くの経験を積む
510	集合 jíhé	①集合する、集まる ②集める	H5 中3	集合全体学生 jíhé quántǐ xuésheng 全学生を集める
511	继续 jìxù	①続ける ②続けて～する	H4 中4	继续说吧 jìxù shuō ba 話を続けてください
512	检查 jiǎnchá	検査する、チェックする	H3 中4	在机场检查护照 zài jīchǎng jiǎnchá hùzhào 空港でパスポートをチェックする
513	减肥 jiǎn//féi	ダイエットする	H4 中3	她正在减肥呢 tā zhèngzài jiǎnféi ne 彼女はダイエット中だ
514	减少 jiǎnshǎo	減らす、減る	H4 中3	减少工作量 jiǎnshǎo gōngzuòliàng 仕事量を減らす
515	讲 jiǎng	①話す ②説明する ③重んじる	H3 中準4	讲面子 jiǎng miànzi メンツにこだわる

No.	単語	意味	級	例
516	降低 jiàngdī	下がる、(価格、水準などを人為的に)下げる→[動]提高 tígāo	H4 中3	降低成本 jiàngdī chéngběn コストダウンする
517	降落 jiàngluò	①着陸する、落下する ②(物価、株価が)下落する	H4	飞机降落了 fēijī jiàngluò le 飛行機が着陸した
518	交流 jiāoliú	交流する	H4 中4	交流信息 jiāoliú xìnxī 情報を交換する
519	交 jiāo	①友達を作る ②(金や物を)引き渡す	H4 中4	交朋友 jiāo péngyou 友達を作る　交作业 jiāo zuòyè 宿題を提出する
520	教育 jiàoyù	教育する	H4 中4	从反面教育人民 cóng fǎnmiàn jiàoyù rénmín 反面(悪い手本)から人民を教育する
521	结婚 jié//hūn	結婚する	H3 中準4	跟她结婚 gēn tā jiéhūn 彼女と結婚する
522	结束 jiéshù	終える、終わる	H3 中4	暑假快结束了 shǔjià kuài jiéshù le 夏休みが間もなく終わる
523	节约 jiéyuē	節約する	H4	节约能源 jiéyuē néngyuán エネルギーを節約する
524	借 jiè	①借りる ②貸す→租zū	H3 中準4	借给他一百块 jiègěi tā yì bǎi kuài 彼に100元貸す
525	开玩笑 kāi wánxiào	冗談を言う、からかう	H4 中4	别跟我开玩笑 bié gēn wǒ kāi wánxiào 私に冗談を言わないで
526	扩大 kuòdà	拡大する、広める	H5 中3	扩大市场 kuòdà shìchǎng マーケットを拡大する
527	浪费 làngfèi	無駄遣いする、浪費する	H4	别浪费时间了 bié làngfèi shíjiān le 時間を浪費するな

528	理发 lǐ//fà	散髪する、理髪する H4	一个月理一次发 yí ge yuè lǐ yí cì fà 1ヶ月に一度散髪する
529	联系 liánxì	連絡する H4 中4	以后常联系吧 yǐhòu cháng liánxì ba 今後まめに連絡しましょう
530	聊天儿 liáo//tiānr	雑談する、おしゃべりする H3 中4	网上聊天儿 wǎngshang liáotiānr チャットする
531	浏览 liúlǎn	(書物、ウェブなどに)ざっと目を通す H5	浏览网页 liúlǎn wǎngyè ウェブを見る
532	留 liú	①とどまる、残る ②取っておく、残しておく H4 中3	留了几天 liúle jǐ tiān 数日とどまった
533	旅行 lǚxíng	旅行、旅行する H4 中4	到美国旅行 dào Měiguó lǚxíng アメリカへ旅行する
534	骂 mà	①叱る ②悪口を言う 中4	骂孩子 mà háizi 子どもを叱る
535	迷路 mí//lù	道に迷う H4	他经常迷路 tā jīngcháng mílù 彼はよく迷子になる
536	念书 niàn//shū	①(学校で)勉強する ②音読する 中3	在高中念书 zài gāozhōng niànshū 高校で勉強する
537	排列 páiliè	順序よく並べる H4	按拼音排列 àn pīnyīn páiliè ピンインによって配列する
538	陪 péi	付き添う、相手をする H4 中4	我陪你去医院 wǒ péi nǐ qù yīyuàn 私が君に付き添って病院に行こう
539	骗 piàn	①だます ②(金品を)だまし取る H4 中3	骗人 piàn rén 人を騙す　骗了不少钱 piànle bù shǎo qián 多くの金をだまし取った
540	起飞 qǐfēi	離陸する、テイクオフする H3	飞机快要起飞了 fēijī kuàiyào qǐfēi le 飛行機は間もなく離陸する

No.	単語	ピンイン	意味	レベル	例文	例文ピンイン	訳
541	缺少	quēshǎo	欠けている、足りない	H4 中3	缺少人手	quēshǎo rénshǒu	人手が足りない
542	商量	shāngliang	相談する	H4 中準4	有事想跟你商量	yǒushì xiǎng gēn nǐ shāngliang	君に相談したいことがある
543	上网	shàng//wǎng	インターネットをする	H3 中準4	上网查资料	shàngwǎng chá zīliào	ネットで調べ物をする
544	生气	shēng//qì	怒る、腹を立てる	H3 中準4	真让人生气	zhēn ràng rén shēngqì	本当に腹が立つ
545	省	shěng	節約する、省く	H4 中3	省时间	shěng shíjiān	時間を節約する
546	剩	shèng	残る、余る	H4 中4	吃一半剩一半	chī yíbàn shèng yíbàn	中途半端に食べる(半分食べて半分残す)
547	失败	shībài	負ける、失敗する	H4 中4	比赛失败了	bǐsài shībài le	試合は敗退した
548	使用	shǐyòng	使用する、使う	H4 中4	厕所正在使用	cèsuǒ zhèngzài shǐyòng	トイレは使用中だ
549	适合	shìhé	適合する、ちょうど合う	H4	这条裙子适合我	zhè tiáo qúnzi shìhé wǒ	このスカートは私に合っている
550	适应	shìyìng	適応する、順応する	H4	适应环境	shìyìng huánjìng	環境に適応する
551	试	shì	①試す ②(温度を)計る	H3 中準4	试一下那件衣服吧	shì yíxià nà jiàn yīfu ba	あの洋服をちょっと試着しよう
552	收	shōu	① 片づける、しまう ②受け取る	H4 中準4	快收被子吧	kuài shōu bèizi ba	早く掛け布団を取り込みなさい
553	受	shòu	受ける	中4	日本菜很受欢迎	Rìběn cài hěn shòu huānyíng	日本料理は人気がある

554	输 shū	(勝負に)負ける H4 中4	足球比赛输了 zúqiú bǐsài shū le サッカーの試合は負けた
555	死 sǐ	死ぬ H4 中4	他哥哥死在海外 tā gēge sǐzài hǎiwài 彼の兄は海外で亡くなった
556	谈 tán	話す、話し合う H4 中準4	谈恋爱 tán liàn'ài 恋愛する
557	提供 tígōng	提供する H4 中4	提供方便 tígōng fāngbiàn 便宜を図る
558	提前 tíqián	(予定の期限を)繰り上げる H4 中3	提前通知 tíqián tōngzhī 前もって知らせる
559	填 tián	空欄を埋める、補充する 中3	填表格 tián biǎogé 表の空欄に書き込む
560	听说 tīng//shuō	(人が言うのを)～と聞いている、～だそうだ 中準4	听说老师结婚了 tīngshuō lǎoshī jiéhūn le 先生は結婚したそうだ
561	停止 tíngzhǐ	停止する 中3	停止买卖 tíngzhǐ mǎimài (株などの)取引を停止する
562	停 tíng	①止まる、(雨が)やむ ②駐車する H4 中準4	雨刚才停了 yǔ gāngcái tíng le 雨は先ほどやんだ
563	通知 tōngzhī	知らせる、通知する H4 中4	通知大家开会 tōngzhī dàjiā kāi huì みんなに会議を通知する
564	推迟 tuīchí	(予定を)遅らせる、延ばす H4	推迟一个星期 tuīchí yí ge xīngqī 一週間繰り下げる
565	完成 wánchéng	完了する、やり遂げる H3 中4	工作如期完成 gōngzuò rúqī wánchéng 仕事は期日通りに完了した
566	完 wán	①なくなる ②終わる、～し終わる(結果補語として用いる) H2 中準4	信纸用完了 xìnzhǐ yòngwán le 便箋がなくなった

No.	単語	意味	級	例文
567	响 xiǎng	①音がする、鳴る ②音を出す、音を立てる	H4	电话铃响了 diànhuà líng xiǎng le 電話のベルが鳴った
568	修理 xiūlǐ	修理する、直す	H4 中3	修理一下电脑吧 xiūlǐ yíxià diànnǎo ba パソコンをちょっと修理してください
569	修 xiū	①(機械類を)修理する ②(土木工事をして)建造する、建築する		修水库 xiū shuǐkù ダムを建造する
570	养成 yǎngchéng	(習慣などを)身につける	H4	从小养成好习惯 cóng xiǎo yǎngchéng hǎo xíguàn 幼い頃から良い習慣を身につける
571	赢 yíng	(勝負に)勝つ→输 shū	H4 中4	赢了第一场比赛 yíngle dìyī chǎng bǐsài 第1試合に勝った
572	用功 yòng//gōng	一生懸命勉強する	中4	读书很用功 dúshū hěn yònggōng 勉学によく励む
573	遇到 yù//dào	出会う、ぶつかる	H3 中4	遇到困难 yùdào kùnnan 困難にぶつかる
574	约会 yuēhuì	待ち合わせをする、デートする [名]デート、会う約束	H4 中4	跟女朋友约会 gēn nǚpéngyou yuēhuì 恋人(彼女)とデートする
575	阅读 yuèdú	(書籍などを)読解する、閲読する	H4 中3	阅读杂志 yuèdú zázhì 雑誌を閲覧する
576	占线 zhàn//xiàn	(電話が)話し中である、回線がふさがっている	H4	电话占线 diànhuà zhànxiàn 電話は話し中だ
577	照顾 zhàogù	面倒を見る、世話をする	H3 中4	照顾孩子 zhàogù háizi 子どもの世話をする
578	照 zhào	①(写真を)写す、撮る ②照らす ③(鏡に)に映す	H4 中3	照一张相片 zhào yì zhāng xiàngpiàn 写真を1枚撮る
579	整理 zhěnglǐ	整理する、かたづける	H4 中3	整理行李 zhěnglǐ xíngli トランクを整理する

580 □	支持 zhīchí	支える、支持する H4	支持你的意见 zhīchí nǐ de yìjian 君の意見を支持する
581 □	种 zhòng	植える、栽培する H3 中3	院子里种树 yuànzili zhòng shù 中庭に木を植える
582 □	装 zhuāng	①扮装する ②～のふりをする 中4	别装了，快说！ bié zhuāng le, kuài shuō! とぼけないで、早く言え！
583 □	租 zū	①(有料で)借りる ②(有料で)貸す→借 jiè H4 中3	租两间房 zū liǎng jiān fáng 2間の部屋を借りる

075

●動詞 (6)社会活動

584 □	安排 ānpái	①手配する ②割り振る H4 中4	给他安排工作 gěi tā ānpái gōngzuò 彼に仕事を割り当てなさい
585 □	保证 bǎozhèng	保証する、請け合う、約束する H4	我保证完成任务 wǒ bǎozhèng wánchéng rènwu 私は任務の達成を約束します
586 □	报道 bàodào	報道する ［名］報道 H5 中3	日本媒体报道相关消息 Rìběn méitǐ bàodào xiāngguān xiāoxi 日本のメディアは関連ニュースを報じている
587 □	报名 bào//míng	応募する、申し込む H4 中3	报名参加考试 bàomíng cānjiā kǎoshì 応募して受験する
588 □	表演 biǎoyǎn	演じる、出演する H4 中4	表演一个节目 biǎoyǎn yí ge jiémù 出し物を1つ演じる
589 □	参观 cānguān	見学する、参観する H4 中準4	参观故宫 cānguān Gùgōng 故宮を参観する
590 □	成功 chénggōng	成功する ［名］成功 H4 中3	在事业上成功 zài shìyèshang chénggōng 事業で成功する
591 □	成为 chéngwéi	～となる H4 中4	我将来想成为一名企业家 wǒ jiānglái xiǎng chéngwéi yì míng qǐyèjiā 私は将来企業家になりたい

No.	単語	意味	級	例文
592	出差 chū//chāi	出張する	H4 中4	下星期去上海出差 xià xīngqī qù Shànghǎi chūchāi 来週上海に出張する
593	出口 chū//kǒu	輸出する［名］出口	H6	向美国出口 xiàng Měiguó chūkǒu 米国に輸出する
594	创业 chuàng//yè	創業する	H6	空手创业很难 kōngshǒu chuàngyè hěn nán 元手なしで創業するのは難しい
595	打折 dǎ//zhé	割引する	H4 中4	多买几个，打八折吧 duō mǎi jǐ ge, dǎ bā zhé ba 多めに買うから2割引にしてよ
596	代表 dàibiǎo	①代表する、代理になる ②示す、表明する［名］代表	H5 中4	本文并不代表本站的观点 běnwén bìng bú dàibiǎo běnzhàn de guāndiǎn この文は本サイトの見解を表明するものではない
597	调查 diàochá	調べる	H4 中3	去农村调查情况 qù nóngcūn diàochá qíngkuàng 状況を調査しに農村にゆく
598	堵车 dǔchē	(車が)渋滞する	H4	从早到晚一直堵车 cóng zǎo dào wǎn yìzhí dǔchē 朝から晩までずっと渋滞している
599	发展 fāzhǎn	(事業が)発展する、発展させる、(人が)活躍する、雄飛する	H4 中4	我想到美国发展 wǒ xiǎng dào Měiguó fāzhǎn 私は米国で活躍したい
600	管理 guǎnlǐ	管理する、マネジメントする	H4	管理企业 guǎnlǐ qǐyè 企業のマネジメントをする
601	广播 guǎngbō	放送する［名］放送	H4 中4	广播找人 guǎngbō zhǎo rén 放送で人を呼び出す
602	加班 jiā//bān	残業する	H4	加班到晚上十点 jiābāndào wǎnshang shí diǎn 夜10時まで残業する
603	进口 jìn//kǒu	輸入する［名］輸入、入口	H6 中3	从国外进口粮食 cóng guówài jìnkǒu liángshi 外国から食糧を輸入する
604	禁止 jìnzhǐ	禁止する	H4 中4	校园里禁止抽烟 xiàoyuánli jìnzhǐ chōuyān キャンパスの中は禁煙です

605	经营 jīngyíng	①経営する、運営する ②(商品を)取り扱う H6	经营一家服装店 jīngyíng yì jiā fúzhuāng diàn 洋服店を経営する
606	竞争 jìngzhēng	競争する、競り合う H4	竞争得很激烈 jìngzhēngde hěn jīliè 激烈な競争をする
607	举办 jǔbàn	(活動、事業を)行う、開催する H4	举办音乐会 jǔbàn yīnyuèhuì 音楽会を開催する
608	举行 jǔxíng	(集会、儀式を)挙行、開催する H4 中3	举行峰会 jǔxíng fēnghuì サミットを開催する
609	流行 liúxíng	流行する H4 中3	新型病毒流行 xīnxíng bìngdú liúxíng 新型ウイルスが流行する
610	留学 liú//xué	留学する H3	在中国留学了一个月 zài Zhōngguó liúxuéle yí ge yuè 中国に1ヶ月留学した
611	免费 miǎn//fèi	無料にする、ただにする H4 中3	可以免费喝一杯咖啡 kěyǐ miǎnfèi hē yì bēi kāfēi 無料でコーヒー1杯飲めます
612	请假 qǐng//jià	休暇を取る H3 中4	请了一个星期假 qǐngle yí ge xīngqī jià 1週間休暇をとった
613	申请 shēnqǐng	申請する [名]申請 H4	申请办理护照 shēnqǐng bànlǐ hùzhào パスポート発行を申請する
614	升级 shēng//jí	進級する、昇格する、アップグレードする	工资升了一级 gōngzī shēngle yì jí 給料が1ランク上がった
615	刷卡 shuā//kǎ	クレジットカード決済する [参]刷はカードのスキャンを意味する	付现金还是刷卡? fù xiànjīn háishi shuākǎ? 現金払いですか、カード払いですか?
616	讨论 tǎolùn	討論する H4 中4	热烈讨论问题 rèliè tǎolùn wèntí 熱心に問題を討論する
617	提高 tí//gāo	引き上げる、高める、向上させる H3 中4	提高水平 tígāo shuǐpíng レベルを引き上げる

No.	単語	意味	レベル	例
618	投资 tóu//zī	投資する [名]投資	H6	风险投资 fēngxiǎn tóuzī ベンチャーキャピタル
619	污染 wūrǎn	汚染する	H4 中3	污染海水 wūrǎn hǎishuǐ 海水を汚染する
620	限制 xiànzhì	制限する	H5	限制进口 xiànzhì jìnkǒu 輸入を制限する
621	销售 xiāoshòu	販売する、売りさばく	H6	销售新产品 xiāoshòu xīn chǎnpǐn 新製品を販売する / 销售战略 xiāoshòu zhànlüè マーケティング
622	邀请 yāoqǐng	招待する、招請する	H4 中3	邀请客人参加宴会 yāoqǐng kèren cānjiā yànhuì 客を宴会に招く
623	营业 yíngyè	営業する	H6 中3	照常营业 zhàocháng yíngyè 通常どおり営業する
624	应聘 yìngpìn	(ある職位に)応募する、招請に応じる	H4	他应聘到上海工作 tā yìngpìndào Shànghǎi gōngzuò 彼は招かれて上海で働く
625	增加 zēngjiā	増加する	H4 中4	资本增加到两倍 zīběn zēngjiādào liǎng bèi 2倍に増資する
626	增长 zēngzhǎng	増大する、成長する	中3	经济增长得很快 jīngjì zēngzhǎngde hěn kuài 経済の成長が速い
627	展览 zhǎnlǎn	展覧する、展示する [名]展覧会、展示	中4	展览绘画 zhǎnlǎn huìhuà 絵画を展示する
628	招聘 zhāopìn	招聘する、募集する	H4	招聘外国专家 zhāopìn wàiguó zhuānjiā 外国人専門家を招聘する
629	挣钱 zhèng qián	(働いて)稼ぐ	H5 中3	打工挣钱 dǎgōng zhèng qián 働いて金を稼ぐ
630	制造 zhìzào	①製造する ②でっちあげる、わざと作り出す	H5	制造矛盾 zhìzào máodùn いざこざを起こす

631 赚 zhuàn	儲かる、儲ける H4	赚好多钱 zhuàn hǎoduō qián 大金を儲ける
632 组织 zǔzhī	組織する、(人を)集める ［名］組織 H5 中3	组织大家参观 zǔzhī dàjiā cānguān みんなを集めて見学する

076

●動詞 (7)使役

633 派 pài	①派遣して～させる ②割り当てる 中4	总经理派他去北京出差 zǒngjīnglǐ pài tā qù Běijīng chūchāi 社長は彼を北京に出張させた
634 让 ràng	(使役)～させる、～するように言う H2 中4	妈妈不让我去留学 māma bú ràng wǒ qù liúxué 母は私に留学に行かないよう言った
635 使 shǐ	(使役)～させる H4 中4	他的话使我很感动 tā de huà shǐ wǒ hěn gǎndòng 彼の話は私を感動させた

077

●動詞 (8)存在

636 无 wú	［書面］ない H4	无法无天的黑客组织 wúfǎ wútiān de hēikè zǔzhī 無法の限りを尽くすハッカー集団

078

●能願動詞(助動詞)

637 敢 gǎn	～する勇気がある、あえて～する H4 中3	我不敢告诉老师 wǒ bù gǎn gàosu lǎoshī 私は先生に知らせる勇気がなかった
638 肯 kěn	①承諾する ②(自ら進んで)～する	孩子不肯吃饭 háizi bù kěn chī fàn 子どもは食事をしようとしない
639 愿意 yuànyi	～したいと思う H3 中準4	我们都愿意帮助他 wǒmen dōu yuànyì bāngzhù tā 私たちは全員喜んで彼を手伝いたい

079

●形容詞

640 白 bái	白い ［副］無駄に H2	白花钱 bái huā qián 金を無駄遣いする

No.	単語	意味	例
641	黑 hēi	①黒い ②暗い ③闇の、非合法の H2	天黑了 tiān hēi le 空が暗くなった / 黑客 hēikè ハッカー
642	红 hóng	①赤い ②人気がある、運が良い H2	这个演员最近走红了 Zhège yǎnyuán zuìjìn zǒuhóng le この俳優は最近人気が出た
643	黄 huáng	①黄色い ②不健康な、エロチックな	
644	蓝 lán	青い H3	
645	绿 lǜ	緑色の、青々としている H3	
646	苦 kǔ	①苦しい ②苦い H4	过苦日子 guò kǔ rìzi 苦しい日々を過ごす
647	辣 là	(ひりひりして)辛い H4 中準4	有点儿怕辣 yǒudiǎnr pà là 辛いのが少し苦手だ
648	酸 suān	①酸っぱい ②(体が)だるい H4 中準4	腿很酸 tuǐ hěn suān 足がだるい
649	甜 tián	甘い H3 中準4	
650	咸 xián	塩辛い H4 中準4	
651	安静 ānjìng	静かだ、落ち着いている H3 中4	保持安静 bǎochí ānjìng 静粛を保つ
652	安全 ānquán	安全だ H4 中3	
653	暗 àn	暗い→[対]亮 liàng H5	屋里有点儿暗 wūli yǒudiǎnr àn 室内が少し暗い

No.	単語	意味	級	例文
654	笨 bèn	愚かだ、間抜けだ	H4 中3	
655	草 cǎo	粗雑だ、いいかげんだ [名]【棵，根】草	H3 中3	字写得很草 zì xiěde hěn cǎo 字(の書きぶり)が汚い
656	诚实 chéngshí	誠実だ	H4	做人应该诚实 zuòrén yīnggāi chéngshí 人間として誠実であるべきだ
657	成熟 chéngshú	成熟している、熟成している	H5 中3	想法还不成熟 xiǎngfǎ hái bù chéngshú 考え方がまだまとまらない
658	粗心 cūxīn	そそっかしい、うかつだ	H4	他太粗心了 tā tài cūxīn le 彼はあまりにそそっかしすぎる
659	粗 cū	①太い、幅広な ②(声が)太くて低い、粗末な	中4	
660	错误 cuòwù	間違っている [名]過失、間違い	H4 中4	犯错误 fàn cuòwù 過失を犯す
661	得意 déyì	得意気である、思いどおりだ	H4	最近他得意洋洋 zuìjìn tā déyì yángyáng 最近彼は得意満面だ
662	低 dī	低い	H4 中準4	水平很低 shuǐpíng hěn dī レベルが低い
663	丰富 fēngfù	豊富だ	H4 中4	知识很丰富 zhīshi hěn fēngfù 知識が豊富だ
664	复杂 fùzá	複雑だ	H4 中準4	内容太复杂了 nèiróng tài fùzá le 内容が複雑すぎる
665	富 fù	①経済的に豊かだ ②(経験など)豊富である	H4	那家公司最近富起来了 nà jiā gōngsī zuìjìn fùqilai le あの会社は最近豊かになった
666	干燥 gānzào	乾燥している、面白みがない	H5	气候很干燥 qìhòu hěn gānzào 気候が乾燥している

667	过敏 guòmín	アレルギーがある [参]飲食時、有过敏(忌口jìkǒu)吗?と聞かれる。忌口の場合は宗教的理由で禁忌の食品も含む H5	有过敏吗? yǒu guòmín ma? アレルギーはありますか?
668	合适 héshì	ぴったりだ、似合っている H4 中4	这双鞋很合适 zhè shuāng xié hěn héshì この靴はぴったりだ
669	厚 hòu	厚い H4 中4	
670	活泼 huópo	活発だ、生き生きしている H4 中3	活泼可爱的小孩子 huópo kě'ài de xiǎo háizi 活発でかわいらしい子ども
671	积极 jījí	積極的だ H4 中3	态度很积极 tàidù hěn jījí 態度が積極的だ
672	骄傲 jiāo'ào	驕っている、誇りに思う H4 中3	感到很骄傲 gǎndào hěn jiāo'ào 誇りに思う
673	结实 jiēshi	(ものが)丈夫だ、(身体が)壮健である 中3	身体结实 shēntǐ jiēshi 体が丈夫だ
674	精彩 jīngcǎi	精彩を放つ、素晴らしい H4 中3	精彩的表演 jīngcǎi de biǎoyǎn 素晴らしいパフォーマンス
675	精神 jīngshen	元気だ [名]活力、元気 H5 中3	她很精神 tā hěn jīngshen 彼女は元気がよい
676	久 jiǔ	久しい H3 中3	好久不见了 hǎojiǔ bú jiàn le お久しぶりです
677	旧 jiù	古い H3 中準4	旧书店 jiùshūdiàn 古本屋
678	开心 kāixīn	愉快だ、楽しい H4 中4	昨天玩儿得很开心 zuótiān wánrde hěn kāixīn 昨日はとても楽しく遊んだ
679	可爱 kě'ài	かわいい、愛すべき H3 中準4	

680	可怜 kělián	かわいそうだ H4 中4	
681	可惜 kěxī	惜しい、残念だ H4 中4	实在太可惜了 shízài tài kěxī le 実に残念だ
682	渴 kě	のどが渇いている H3 中準4	口太渴了 kǒu tài kě le のどがとても渇いた
683	空 kōng	①空の、中身がない ②徒労に、むだに H4	里面是空的 lǐmiàn shì kōng de 中身は空っぽだ
684	宽 kuān	幅が広い H5 中3	
685	困难 kùnnan	困難だ【名】困難 H4 中準4	
686	困 kùn	(疲れて)眠い H4 中準4	吃饱了就困了 chībǎole jiù kùn le 満腹になったら眠くなった
687	懒 lǎn	不精だ、だるい H4	身上发懒，可能感冒了 shēnshang fā lǎn, kěnéng gǎnmào le 体がだるい、かぜをひいたかもしれない
688	浪漫 làngmàn	ロマンチックだ H4	
689	老 lǎo	古い ［接頭］(年上に対して)～さん H3	老朋友 lǎo péngyou 古くからの友人 老王 lǎo Wáng 王さん
690	冷静 lěngjìng	冷静だ H4	
691	礼貌 lǐmào	礼儀正しい H4 中3	这样做不礼貌 zhèyàng zuò bù lǐmào こんな風にするのは失礼だ
692	厉害 lìhai	①きつい、すごい ②ひどい H4 中4	她很厉害 tā hěn lìhai 彼女は只者でない 头痛得厉害 tóu tòngde lìhai 頭がひどく痛い

693	亮 liàng	明るい、光っている H5 中4	教室里很亮 jiàoshìli hěn liàng 教室の中は明るい
694	流利 liúlì	流暢だ H4 中4	说得很流利 shuōde hěn liúlì 滑らかに話す
695	乱 luàn	混乱している [副]むやみに H4 中4	别乱说坏话 bié luàn shuō huàihuà むやみに悪口を言ってはだめだ
696	麻烦 máfan	面倒だ [動]面倒をかける H4 中準4	麻烦你了 máfan nǐ le お手数をおかけします
697	马虎 mǎhu	いい加減だ、そそっかしい H4	这个人太马虎 zhège rén tài mǎhu この人物はいい加減すぎる
698	满意 mǎnyì	満足している [動]満足する、させる H3 中準4	对现在的生活很满意 duì xiànzài de shēnghuó hěn mǎnyì 今の生活に満足する
699	满 mǎn	いっぱいだ H4 中3	座位都满了 zuòwèi dōu mǎn le 席は満杯だ
700	美丽 měilì	美しい H4 中4	
701	耐心 nàixīn	我慢強い、辛抱強い [名]辛抱、根気 H4 中3	得有耐心 děi yǒu nàixīn 我慢しなければならない
702	难受 nánshòu	(肉体的に、精神的に)つらい H4 中3	鼻子很难受 bízi hěn nánshòu 鼻がつらい
703	难过 nánguò	(精神的に)つらい、悲しい H3	心里难过 xīnli nánguò 心中つらく思う
704	奇怪 qíguài	奇妙だ、不思議だ H3 中4	
705	轻松 qīngsōng	気楽だ、ほっとしている H4 中4	轻松搞定工作 qīngsōng gǎodìng gōngzuò 楽々仕事を片付ける

No.	単語	意味	例
706	轻 qīng	軽い H4 中準4	
707	穷 qióng	貧しい H4 中4	
708	热情 rèqíng	親切だ、心がこもっている H3 中準4	这些球迷非常热情 zhèxiē qiúmí fēicháng rèqíng これらのサッカーファンは非常に親切だ
709	热闹 rènao	にぎやかだ H4 中準4	过年街上很热闹 guònián jiēshang hěn rènao 年越しで通りがにぎやかだ
710	软 ruǎn	①(物)柔らかい ②(心)弱い、情にもろい H5 中4	心软的人 xīn ruǎn de rén 情に流されやすい人
711	伤心 shāngxīn	悲しい [動]悲しませる H4	非常伤心 fēicháng shāngxīn 非常に悲しい / 伤了我的心 shāngle wǒ de xīn 私を悲しませた
712	深 shēn	深い H4 中準4	
713	实际 shíjì	具体的な、実際的だ H4	你的办法不太实际 nǐ de bànfǎ bútài shíjì 君のやり方はあまり現実的ではない
714	熟悉 shúxī	よく知っている(口語では熟shóu) H4 中4	熟悉情况 shúxī qíngkuàng 状況に詳しい
715	帅 shuài	[口語](男性)格好いい H4 中4	帅哥 shuàigē イケメン
716	顺利 shùnlì	順調だ H4 中4	一切都顺利 yíqiè dōu shùnlì すべて順調だ
717	随便 suíbiàn	①自由だ ②いい加減だ H4 中4	工作太随便 gōngzuò tài suíbiàn 仕事がいい加減だ
718	所有 suǒyǒu	あらゆる、すべての H4 中4	所有的学生 suǒyǒu de xuésheng すべての学生

719	讨厌 tǎoyàn	嫌だ H4 中3	很讨厌那个人 hěn tǎoyàn nàge rén あの人は嫌いだ
720	痛快 tòngkuài	①痛快だ ②明快だ 中4	玩儿得痛快 wánrde tòngkuài 思う存分遊ぶ
721	完全 wánquán	完全だ、全部そろっている [副]完全に、すべて H4	完全不想做饭了 wánquán bù xiǎng zuò fàn le まったく食事の用意をしたくなくなった
722	危险 wēixiǎn	危険だ、危ない H4 中4	这儿危险，快离开！ Zhèr wēixiǎn, kuài líkāi! ここは危険だ、はやく離れろ
723	无聊 wúliáo	退屈だ、つまらない H4 中3	真无聊 zhēn wúliáo 本当に退屈だ
724	相反 xiāngfǎn	相反する、正反対の H4	提出相反的意见 tíchū xiāngfǎn de yìjian 正反対の意見を出す
725	相同 xiāngtóng	同じである、共通している H4	我的看法跟她相同 wǒ de kànfǎ gēn tā xiāngtóng 私の考え方は彼女と同じだ
726	香 xiāng	①香りが良い ②味が良い H4 中3	这个菜很香 zhège cài hěn xiāng この料理はおいしい
727	详细 xiángxì	詳しい H4 中4	说明得很详细 shuōmíngde hěn xiángxì 説明が詳しい
728	辛苦 xīnkǔ	つらい H4 中4	辛苦了 xīnkǔ le お疲れ様
729	新鲜 xīnxian	①新鮮だ ②珍しい H3 中4	新鲜事 xīnxian shì もの珍しい出来事
730	新 xīn	新しい H2 中準4	
731	幸福 xìngfú	幸せだ H4 中準4	

No.	単語	意味	級	例
732	许多 xǔduō	多くの、たくさんの	H4 中4	许多问题 xǔduō wèntí たくさんの問題
733	严重 yánzhòng	深刻だ、重大だ	H4 中4	大气污染严重 dàqì wūrǎn yánzhòng 大気汚染が深刻だ
734	严格 yángé	厳しい	H4 中4	对孩子很严格 duì háizi hěn yángé 子どもに対して厳しい
735	一般 yìbān	普通だ、一般的だ	H3 中4	成绩很一般 chéngjì hěn yìbān 成績は普通だ
736	硬 yìng	①(物)固い ②(意志)頑強だ、堅固だ [副]無理に	H5 中4	态度很硬 tàidù hěn yìng 態度が頑固だ 不要硬写 búyào yìng xiě 無理やり書かなくてよい
737	勇敢 yǒnggǎn	勇敢だ	H4 中3	
738	幽默 yōumò	ユーモアがある	H4	说得很幽默 shuōde hěn yōumò 話にユーモアがある
739	优秀 yōuxiù	優秀だ	H4 中4	
740	友好 yǒuhǎo	友好的だ、親しい	H4 中4	对我们很友好 duì wǒmen hěn yǒuhǎo 私たちに対して友好的だ
741	有名 yǒumíng	有名だ	H3 中準4	
742	有趣 yǒuqù	面白い	H4 中3	有趣的课 yǒuqù de kè 面白い授業
743	愉快 yúkuài	愉快だ、楽しい	H4 中準4	
744	圆 yuán	丸い [量]人民元の単位(元と同じ)	H5 中4	

No.	単語	意味	レベル	例文
745	脏 zāng	汚い、不潔だ	H4 中4	衬衫脏透了 chènshān zāngtòu le シャツがすごく汚れている
746	窄 zhǎi	狭い	H5 中4	
747	真正 zhēnzhèng	本当の、真の	H4 中4	找出真正的原因 zhǎochū zhēnzhèng de yuányīn 本当の原因を探し出す
748	整齐 zhěngqí	整然としている、きちんとしている	H5 中4	穿得很整齐 chuānde hěn zhěngqí 恰好がきちんとしている
749	正常 zhèngcháng	正常だ、当たり前だ	H4 中3	这是很正常的 zhè shì hěn zhèngcháng de これは当たり前のことだ
750	正确 zhèngquè	正しい	H4 中4	
751	正式 zhèngshì	正式である、公式の	H4	参加正式比赛 cānjiā zhèngshì bǐsài 公式試合に参加する
752	重要 zhòngyào	重要だ	H3 中準4	最重要的事 zuì zhòngyào de shì 最も重要な事
753	重 zhòng	重い	H4 中準4	
754	主动 zhǔdòng	①自発的、積極的だ ②主導的だ	H5	不主动说话 bù zhǔdòng shuōhuà 自分から話しかけない
755	主要 zhǔyào	主要な、主な	H3 中4	世界主要城市 shìjiè zhǔyào chéngshì 世界の主要都市
756	著名 zhùmíng	著名な、有名な	H4 中3	
757	准确 zhǔnquè	確かだ、正確だ	H4 中3	发音很准确 fāyīn hěn zhǔnquè 発音が正確だ

No.	単語	意味	レベル	例文
758	仔细 zǐxì	注意深い、細心だ	H4 中3	做事很仔细 zuòshì hěn zǐxì 物事を注意深く進める

080

●副詞

No.	単語	意味	レベル	例文
759	按时 ànshí	時間通りに	H4	按时完成作业 ànshí wánchéng zuòyè 期日通りに宿題を終える
760	本来 běnlái	本来、もともと	H4 中3	这本词典本来是他的 zhè běn cídiǎn běnlái shì tā de この辞書はもともと彼のものだ
761	必须 bìxū	必ず～しなければならない	H3 中3	必须努力学习 bìxū nǔlì xuéxí 必ず勉強に励まなければならない
762	不得不 bùdébù	～せざるを得ない	H4	不得不回去 bùdébù huíqu 帰らざるを得ない
763	重新 chóngxīn	再び、もう一度	H4 中3	重新做一次 chóngxīn zuò yí cì もう一度行う
764	从来 cónglái	いままで、これまで	H4 中4	从来没看过京剧 cónglái méi kànguo Jīngjù これまで京劇を見たことがない
765	大约 dàyuē	およそ、だいたい	H4 中4	大约30岁左右 dàyuē sānshí suì zuǒyòu およそ30歳くらい
766	当然 dāngrán	もちろん、当然	H3 中準4	当然明白你的意思 dāngrán míngbai nǐ de yìsi もちろんあなたの考えはわかる
767	到处 dàochù	至る所、あちこち	H4 中3	到处都是人 dàochù dōu shì rén 至る所人ばかりだ
768	到底 dàodǐ	①とうとう、ついに ②いったい	H4 中4	到底同意不同意? dàodǐ tóngyì bu tóngyì? 結局のところ賛成か不賛成か?
769	多么 duōme	(強調)なんと、どんなに	H3 中4	多么漂亮啊! duōme piàoliang a! なんて美しい!

No.	単語	意味	級	例
770	共同 gòngtóng	共同で、みなでいっしょに	H4 中3	共同参加活动 gòngtóng cānjiā huódòng いっしょに活動に参加する
771	故意 gùyì	わざと、故意に	H4	故意批评 gùyì pīpíng わざと叱る
772	光 guāng	(範囲を限定する)ただ～だけ [形]すべすべしている、なにも残っていない	H4 中3	光吃菜不吃饭 guāng chī cài bù chī fàn おかずばかり食べてご飯を食べない / 吃光 chīguāng 食べ切る
773	果然 guǒrán	はたして、案の定	H5 中3	果然还是喜欢狗 guǒrán háishi xǐhuan gǒu やっぱり犬が好きだ
774	好像 hǎoxiàng	まるで～のようだ、どうも～のようだ	H4 中準4	好像知道你的地址 hǎoxiàng zhīdao nǐ de dìzhǐ 君の住所を知っているようだ
775	后来 hòulái	その後、それから	H3 中4	后来怎么样了? hòulái zěnmeyàng le それからどうなったの
776	互相 hùxiāng	お互いに、相互に	H4 中4	互相了解 hùxiāng liǎojiě 互いに理解し合う
777	忽然 hūrán	思いがけなく、突然に	H5 中4	忽然流行起来了 hūrán liúxíngqilai le 思いがけなく流行し始めた
778	几乎 jīhū	ほとんど、ほぼ	H3 中3	几乎没有人知道 jīhū méiyǒu rén zhīdao ほとんどだれも知らない
779	极其 jíqí	[書面]きわめて、この上なく	H5	态度极其认真 tàidù jíqí rènzhēn 態度がきわめてまじめだ
780	及时 jíshí	タイムリーに [形]タイムリーだ	H4	及时处理 jíshí chǔlǐ タイムリーに処理する / 来得很及时 láide hěn jíshí タイミング良くやって来る
781	极 jí	きわめて、はなはだ	H3 中4	得到了极好的机会 dédàole jíhǎo de jīhuì 絶好のチャンスを手に入れる
782	渐渐 jiànjiàn	だんだん、しだいに		天渐渐地黑了 tiān jiànjiàn de hēi le 空がしだいに暗くなった

783	接着 jiēzhe	続いて、そのまま H4 中4	接着讲 jiēzhe jiǎng 続いて話す
784	结果 jiéguǒ	結局は [名]結果 H4 中4	结果忘了去面试 jiéguǒ wàngle qù miànshì 結局は面接に行くのを忘れてしまった
785	经常 jīngcháng	いつも、常に [形]ふつうだ H3 中4	经常去便利店 jīngcháng qù biànlìdiàn いつもコンビニに行く
786	竟然 jìngrán	意外にも、なんと、あろうことか H4 中3	没想到她竟然来了 méi xiǎngdào tā jìngrán lái le 思いがけずなんと彼女はやって来た
787	究竟 jiūjìng	いったい、結局 H4 中3	究竟是为什么? jiūjìng shì wèishéme? いったいどうしてですか
788	肯定 kěndìng	間違いなく、きっと H4 中4	肯定会后悔 kěndìng huì hòuhuǐ きっと後悔するだろう
789	恐怕 kǒngpà	①(よくない結果を予測して)おそらく ②(およその推測で)たぶん H4 中4	恐怕要下大雨 kǒngpà yào xià dà yǔ おそらく大雨が降るだろう
790	立刻 lìkè	直ちに、即座に(立刻の方が马上より切迫感が強く、短時間に行われる 中4	立刻回应 lìkè huíyìng 直ちに返事をする
791	另外 lìngwài	別に、ほかに H4 中4	另外找工作 lìngwài zhǎo gōngzuò ほかに仕事を探す
792	马上 mǎshàng	すぐ H3 中準4	马上就到 mǎshàng jiù dào すぐに行く
793	难道 nándào	まさか～ではあるまい H4 中4	难道还不明白吗? nándào hái bù míngbai ma? まさかまだわからない訳はないよね?
794	偶尔 ǒu'ěr	たまに H4	偶尔见面 ǒu'ěr jiànmiàn たまに顔を合わせる
795	普遍 pǔbiàn	ひろく、くまなく [形]普遍的だ H4	中国普遍使用扫码支付 Zhōngguó pǔbiàn shǐyòng sǎomǎ zhīfù 中国は広くQR決済が使用されている

No.	単語	意味	レベル	例文
796	其实 qíshí	実は、実のところ	H3 中4	嘴很硬，其实心很软 zuǐ hěn yìng, qíshí xīn hěn ruǎn 口はきついが、実は心根は優しい
797	千万 qiānwàn	ぜひとも、くれぐれも	H4 中4	千万不要说 qiānwàn búyào shuō くれぐれもしゃべってはいけない
798	确实 quèshí	確かに、まちがいなく	H4 中4	确实不错 quèshí búcuò 確かにすばらしい
799	仍然 réngrán	依然として、相変わらず	H4 中3	仍然是老样子 réngrán shì lǎo yàngzi 依然として昔のままだ
800	稍微 shāowēi	少し、やや	H4 中4	稍微等一会儿吧 shāowēi děng yíhuìr ba 少し待っていよう
801	十分 shífēn	非常に、十分に	H4 中3	十分重视客户的要求 shífēn zhòngshì kèhù de yāoqiú クライアントの要求を十分に重んじる
802	实在 shízài	実に、本当に	H4 中3	实在没办法 shízài méi bànfǎ 実にどうしようもない
803	是否 shìfǒu	[書]～であるかどうか	H4	他是否能来，还不清楚 tā shìfǒu néng lái, hái bù qīngchu 彼は来るかどうか、まだはっきりしない
804	首先 shǒuxiān	真っ先に、まず初めに	H4 中4	首先要办的事情 shǒuxiān yào bàn de shìqing 最初にすべき事
805	顺便 shùnbiàn	ついでに	H4 中4	下班后顺便去车站买票 xiàbān hòu shùnbiàn qù chēzhàn mǎi piào 退社後ついでに駅に行って切符を買う
806	特别 tèbié	とりわけ、特に	H3 中準4	特别高兴 tèbié gāoxìng とりわけ嬉しい
807	挺 tǐng	けっこう、なかなか	H4 中準4	这个人挺厉害 zhège rén tǐng lìhai この人はなかなかやり手だ
808	突然 tūrán	突然、急に	H3 中4	突然下起了大雪 tūrán xiàqile dàxuě 突然大雪が降りだした

No.	語	意味	級	例文
809	往往 wǎngwǎng	往々にして、しばしば	H4 中3	机会往往就在你身边 jīhuì wǎngwǎng jiù zài nǐ shēnbiān 往々にしてチャンスは君の身近にある
810	像 xiàng	①どうも～のようだ ②まるで～のようだ ［動］似ている	H3 中4	像冬天一样冷 xiàng dōngtiān yíyàng lěng まるでの冬のように寒い
811	也许 yěxǔ	もしかしたら～かもしれない	H4 中4	也许要下雨了 yěxǔ yào xià yǔ le 雨が降るかもしれない
812	一块儿 yíkuàir	いっしょに(一起と同義、一块儿は口語にのみ使用)	中4	和他们一块儿回国 hé tāmen yíkuàir huíguó 彼らといっしょに帰国する
813	一边 yìbiān	～しながら～する	H3 中4	一边喝茶一边看电影 yìbiān hē chá yìbiān kàn diànyǐng お茶を飲みながら映画を見る
814	一直 yìzhí	①まっすぐに ②ずっと	H3 中準4	一直走 yìzhí zǒu まっすぐ行く　一直在等你 yìzhí zài děng nǐ ずっとあなたを待っている
815	永远 yǒngyuǎn	永遠に、いつまでも	H4 中4	永远是好朋友 yǒngyuǎn shì hǎo péngyou いつまでも親友だ
816	尤其 yóuqí	なかでも、とりわけ	H4 中3	喜欢听音乐，尤其是台湾音乐 xǐhuan tīng yīnyuè, yóuqí shì Táiwān yīnyuè 音楽が好きで、なかでも台湾音楽が好きだ
817	有时候 yǒushíhou	時には、ある時は	中4	有时候上网聊天儿 yǒushíhou shàngwǎng liáotiānr 時にはネットでおしゃべりをする
818	原来 yuánlái	①もとは、以前には ②なんと(なんだ)～だったのか	H4 中4	原来是你呀! yuánlái shì nǐ ya! なんだ君だったのか
819	越 yuè	～すれば～するほど	H3 中4	越看越喜欢 yuè kàn yuè xǐhuan 見れば見るほど好きになる
820	暂时 zànshí	一時的に、臨時に ［形］一時的だ	H4	暂时关门了 zhànshí guānmén le 一時的に閉店する
821	早就 zǎojiù	とっくに	中3	早就认识了 zǎojiù rènshi le とっくに知り合いだ

No.	単語	意味	級	例文
822	正好 zhènghǎo	折よく、ちょうど	H4 中4	正好见到他 zhènghǎo jiàndào tā ちょうど彼を見かけた
823	直接 zhíjiē	じかに、直接	H4 中4	直接找总经理 zhíjiē zhǎo zǒngjīnglǐ 直接社長を訪ねる
824	只好 zhǐhǎo	～するしかない、やむなく～せざるを得ない	H4 中4	只好请你帮忙了 zhǐhǎo qǐng nǐ bāngmáng le あなたにお願いするしかない
825	至少 zhìshǎo	少なくとも	H4 中3	至少看两遍 zhìshǎo kàn liǎng biàn 少なくとも2回は見る
826	终于 zhōngyú	ついに、とうとう	H3 中4	终于获得成功了 zhōngyú huòdé chénggōng le ついに成功を収めた
827	逐渐 zhújiàn	だんだんと、次第に	H5 中3	天气逐渐热了 tiānqì zhújiàn rè le 気候は次第に暑くなった
828	专门 zhuānmén	わざわざ、特に	H4 中3	专门来看你 zhuānmén lái kàn nǐ わざわざ君に会いに来た
829	准时 zhǔnshí	時間通りに、定刻通りに	H4 中3	准时出发 zhǔnshí chūfā 時間通りに出発する
830	自然 zìrán	自然に、おのずと ［形］あたり前だ	H4 中3	自然会告诉您 zìrán huì gàosu nín 当然ながらあなたに教える
831	总是 zǒngshì	いつも、しょっちゅう	H3 中4	总是加班 zǒngshì jiābān しょっちゅう残業する
832	最好 zuìhǎo	できるだけ～したほうがよい	H4 中4	最好坐地铁去 zuìhǎo zuò dìtiě qù 地下鉄で行った方がよい

081

●介詞（前置詞）

No.	単語	意味	級	例文
833	按照 ànzhào	～にもとづいて、～によって	H4 中3	按照规定办事 ànzhào guīdìng bànshì ルールにもとづいて行う

834 把 bǎ	(処置文)～を H3 中4	把报告翻译成中文了 bǎ bàogào fānyìchéng Zhōngwén le レポートを中国語に翻訳した
835 被 bèi	(受け身)～される H3 中4	手机被偷了 shǒujī bèi tōu le 携帯電話が盗られた
836 比 bǐ	(比較)～より H2 中4	比我哥哥大三岁 bǐ wǒ gēge dà sān suì 私の兄より3歳年上だ
837 朝 cháo	～へ向かって	朝我笑了笑 cháo wǒ xiàolexiào 私に向かって笑った
838 除了 chúle	～を除いて、～以外(以外/都/还などと呼応する) H3 中4	除了北京以外，还去过四川 chúle Běijīng yǐwài, hái qùguo Sìchuān 北京以外、さらに四川に行ったことがある
839 对于 duìyú	～にとって、～について、～に関して H4 中3	对于他来说最重要的是 duìyú tā lái shuō zuì zhòngyào de shì 彼にとって最も重要なのは 学好外语 xuéhǎo wàiyǔ 外国語のマスターだ
840 根据 gēnjù	～にもとづいて、～によって H3 中3	根据大家的要求 gēnjù dàjiā de yāoqiú みんなの要求にもとづいて
841 关于 guānyú	～に関して、～について H3 中3	关于这个问题 guānyú zhège wèntí この問題に関して
842 经过 jīngguò	～を経て、～通じて H3 中4	经过这次会议 jīngguò zhè cì huìyì 今回の会議を経て
843 连 lián	～さえ、～すら(都/也/还などと呼応する) H4 中4	连父母都不知道 lián fùmǔ dōu bù zhīdao 両親さえも知らない
844 随着 suízhe	～につれて、～に伴って H4	随着中国经济发展 suízhe Zhōngguó jīngjì fāzhǎn 中国の経済発展につれて
845 通过 tōngguò	～を通じて、～によって H4 中4	通过老师的介绍 tōngguò lǎoshī de jièshào 先生の紹介を通じて

846	往 wǎng	(方向を示す)～へ、～に H4 中4	往东走 wǎng dōng zǒu 東の方へ歩く
847	为了 wèile	(目的を導く)～のために H3 中4	是为了将来 shì wèile jiānglái 将来のためだ
848	为 wèi	(受益者/目的/原因を導く)～のために H3 中3	为客人服务 wèi kèren fúwù お客さんのためにサービスを提供する
849	向 xiàng	(の方向・相手を示す)～に向かって、～へ、～に H3 中4	向朋友学习 xiàng péngyou xuéxí 友達に学ぶ
850	以 yǐ	①("以……为……")～を～とする ②(方法・基準)～によって、～で ③(理由・原因)～のために H4 中3	以人为中心 yǐ rén wéi zhōngxīn 人を中心とする
851	由于 yóuyú	(原因・理由)～のために、～なので H4 中4	由于天气不好 yóuyú tiānqì bù hǎo 天気が悪いので
852	由 yóu	(の主体/起点・経路/根拠・出所/原因・理由などを示す)～により、～が、～から H4 中3	由我决定 yóu wǒ juédìng 私が決定する

082

●接続詞

853	并且 bìngqiě	そのうえ、しかも H4 中3	帅，并且性格也好 shuài, bìngqiě xìnggé yě hǎo 格好よくて、さらに性格もよい
854	比如 bǐrú	たとえば H4 中4	比如说 bǐrú shuō たとえば
855	不但 búdàn	～だけでなく(而且/还/也などと呼応する) H3 中4	不但喜欢打棒球，而且喜欢踢足球 búdàn xǐhuan dǎ bàngqiú, érqiě xǐhuan tī zúqiú 野球が好きなだけでなく、サッカーも好きだ
856	不管 bùguǎn	～にかかわらず、～であろうと(都/也/总などと呼応する) H4 中3	不管是谁都不让进 bùguǎn shì shéi dōu búràng jìn だれであろうと中に入れない

857	不仅 bùjǐn	～だけでなく(而且/还/也などと呼応する)(=不但) H4 中3	不仅要学普通话，bùjǐn yào xué pǔtōnghuà, 普通語だけでなく、还要学广东话 hái yào xué Guǎngdōnghuà さらに広東語も学ぶ必要がある
858	而且 érqiě	その上、しかも(不但/不仅などと呼応する) H3	便宜而且质量好 piányi érqiě zhìliàng hǎo 安くてしかも品質がよい
859	而 ér	[書面]①並列・累加関係を表す ②逆接を表す ③目的・原因・方式・状態などを表す語句を接続する H4 中3	香而辣 xiāng ér là 香ばしくて辛い
860	否则 fǒuzé	さもなければ H4	不要乱说，否则就发生问题 búyào luàn shuō, fǒuzé jiù fāshēng wèntí でたらめを言ってはいけない、さもないと問題が起こる
861	或者 huòzhě	あるいは、または H3 中4	明天或者后天走 míngtiān huòzhě hòutiān zǒu 明日あるいはあさって出発する
862	即使 jíshǐ	たとえ～としても(也/还と呼応する) H4 中3	即使明天下雨，我也要去 jíshǐ míngtiān xià yǔ, wǒ yě yào qù たとえ明日雨だとしても、私は行く予定だ
863	尽管 jǐnguǎn	(譲歩)～だけれども H4 中3	尽管大家都反对，他还是出发了 jǐnguǎn dàjiā dōu fǎnduì, tā háishi chūfā le みなは全員反対したけれども、彼はやはり出発した
864	既然 jìrán	～した以上は、～であるからには H4 中3	既然参加考试，就努力吧 jìrán cānjiā kǎoshì, jiù nǔlì ba 受験する以上は、努力しなさい
865	例如 lìrú	例えば H4	例如大连、上海等等 lìrú Dàlián、Shànghǎi děngděng 例えば大連、上海など
866	却 què	(軽い逆接)～なのに、～だが、～けれども H4 中3	想说却不敢说 xiǎng shuō què bù gǎn shuō 言いたいけれども、敢えて言わない

867	然而 rán'ér	[書面]けれども、しかし H4 中3	数量很重要， shùliàng hěn zhòngyào, 数は大事だけれども、 然而质量更重要 rán'ér zhìliàng gèng zhòngyào 品質はもっと大事だ
868	然后 ránhòu	その後、それから H3	先洗干净身体，然后再进去 xiān xǐgānjìng shēntǐ, ránhòu zài jìnqu まず体をきれいに洗い、それから入る
869	如果 rúguǒ	もしも(就などと呼応する) H3 中3	如果你做不了，就让他去做吧 rúguǒ nǐ zuòbuliǎo, jiù ràng tā qù zuò ba もし君が出来ないのであれば、彼にやらせよう
870	甚至 shènzhì	ひいては、さらには(不但などと呼応することが多い) H4	不但老师知道， búdàn lǎoshī zhīdao, 先生が知っているだけでなく、 甚至连学生也知道 shènzhì lián xuésheng yě zhīdao 学生さえも知っている
871	同时 tóngshí	同時に H4 中4	他会拉二胡，同时也会唱歌 tā huì lā èrhú, tóngshí yě huì chànggē 彼は二胡が弾けるだけでなく、同時に歌も歌える
872	无论 wúlùn	～にかかわりなく、どんなに～でも(都/也などと呼応する) H4 中3	无论我说什么，她都不听 wúlùn wǒ shuō shénme, tā dōu bù tīng 私がなにを言っても、彼女は聞かない
873	要是 yàoshi	もしも(主に話し言葉に用いて、要是～的话とすることが多い) H4 中3	要是他来的话，我就不去了 yàoshi tā lái de huà, wǒ jiù bú qù le 彼が来るのであれば、私は行かない
874	因此 yīncǐ	それゆえ、だから H4 中4	朋友生了病，因此没能来 péngyou shēngle bìng, yīncǐ méi néng lái 友人は病気になったので、来られなかった
875	于是 yúshì	そこで H4 中3	你说想吃饺子， nǐ shuō xiǎng chī jiǎozi, 君が餃子が食べたいと言うから、 于是我就包了一些 yúshì wǒ jiù bāole yìxiē 餃子を作った

876	与 yǔ	[書面]～と、および [介]～と H4 中3	日本与中国 Rìběn yǔ Zhōngguó 日本と中国
877	只要 zhǐyào	～しさえすれば、～でさえあれば(就と呼応する) H4 中4	只要有票，就可以买 zhǐyào yǒu piào, jiù kěyǐ mǎi チケットさえあれば、買える
878	只有 zhǐyǒu	～してこそ～だ(才と呼応する) [副]～するほかない H3 中3	只有每天复习，才能学好外语 zhǐyǒu měitiān fùxí, cái néng xuéhǎo wàiyǔ 毎日復習してこそ、外国語を習得できる 我只有走回家去 wǒ zhǐyǒu zǒuhui jiā qu 歩いて家に帰るしかない

083

●方位詞

879	内 nèi	～の中 H4	电影院内不能喝饮料 diànyǐngyuànnèi bù néng hē yǐnliào 映画館の中で飲み物を飲んではいけない
880	其中 qízhōng	そのうち H4 中4	有十名学生， yǒu shí míng xuésheng, 10名学生がいて、 其中有三名是韩国人 qízhōng yǒu sān míng shì Hánguórén そのうち3名は韓国人だ

084

●助詞

881	之 zhī	～の～ H4 中3	二分之一 èr fēnzhī yī 2分の1

085

●常用表現

882	没什么 méi shénme	なんでもない、なにもたいしたことはない	
883	受不了 shòubuliǎo	たまらない、耐えられない H4 中4	

中級単語付録

086

字	ピンイン	例	ピンイン
背	bēi	背东西	bēi dōngxi
	bèi	背课文	bèi kèwén
差	chà	差一刻三点	chà yíkè sān diǎn
	chāi	出差	chūchāi
长	cháng	长短	chángduǎn
	zhǎng	长大	zhǎngdà
重	chóng	重来一遍	chóng lái yí biàn
	zhòng	重量	zhòngliàng
答	dá	回答	huídá
	dā	答应	dāying
大	dà	大小	dàxiǎo
	dài	大夫	dàifu
当	dāng	当翻译	dāng fānyì
	dàng	当真	dàng zhēn
倒	dǎo	倒卖	dǎomài
	dào	倒茶	dào chá
的	de	我的书	wǒ de shū
	dí	的士	díshì
	dì	目的	mùdì
得	dé	得到	dédào
	děi	得十分钟	děi shí fēnzhōng
	de	说得很好	shuōde hěn hǎo
调	diào	调查	diàochá
	tiáo	空调	kōngtiáo
都	dōu	大家都来了	dàjiā dōu lái le
	dū	东京都	Dōngjīng dū
干	gān	干净	gānjìng
	gàn	干工作	gàn gōngzuò
还	hái	还是	háishi
	huán	还钱	huán qián

087

字	ピンイン	例	ピンイン
行	háng	银行	yínháng
	xíng	行啊！	xíng a!
好	hǎo	好孩子	hǎo háizi
	hào	爱好	àihào
和	hé	我和你	wǒ hé nǐ
	huo	暖和	nuǎnhuo
会	huì	学会	xuéhuì
	kuài	会计	kuàijì
觉	jiào	睡觉	shuìjiào
	jué	觉得	juéde
教	jiāo	教英语	jiāo Yīngyǔ
	jiào	教室	jiàoshì
空	kōng	空气	kōngqì
	kòng	你有空儿吗?	nǐ yǒu kòngr ma?
乐	lè	快乐	kuàilè
	yuè	音乐	yīnyuè
累	lèi	累死了	lèisǐ le
	lěi	积累	jīlěi
了	liǎo	吃不了	chībuliǎo
	le	看了没有?	kànle méiyou?
便	pián	便宜	piányi
	biàn	方便	fāngbiàn
为	wéi	成为优秀老师	chéngwéi yōuxiù lǎoshī
	wèi	为他高兴	wèi tā gāoxìng
要	yào	要学汉语	yào xué Hànyǔ
	yāo	要求	yāoqiú
应	yīng	应该	yīnggāi
	yìng	适应	shìyìng
着	zháo	着急	zháojí
	zhe	听着音乐吃饭	tīngzhe yīnyuè chī fàn
只	zhǐ	只有	zhǐyǒu
	zhī	两只猫	liǎng zhī māo
种	zhǒng	种类	zhǒnglèi
	zhòng	种树	zhòng shù

結果補語

088

補語成分	補語の意味	[V]＋補語	例文
完	終わる	看完 kànwán	我还没看完这本书。 Wǒ hái méi kànwán zhè běn shū. 私まだこの本を読み終えていない。
		吃完 chīwán	你已经吃完晚饭了吗？ Nǐ yǐjing chīwán wǎnfàn le ma? あなたはもう夕食を食べ終わりましたか？
懂	わかる、理解する	听懂 tīngdǒng	他说的汉语，我没听懂。 Tā shuō de Hànyǔ, wǒ méi tīngdǒng. 彼の話す中国語を、私は聞き取れなかった。
		看懂 kàndǒng	你能看懂中文小说吗？ Nǐ néng kàndǒng Zhōngwén xiǎoshuō ma? あなたは中国語の小説を読めますか？
见	視覚·聴覚などによる知覚	看见 kànjiàn	昨天在车站看见他们了。 Zuótiān zài chēzhàn kànjiàn tāmen le. 昨日駅で彼らを見かけた。
		听见 tīngjiàn	你听见了没有？ Nǐ tīngjiànle méiyou? あなた聞こえましたか？
走	その場を離れる	拿走 názǒu	妹妹拿走了我的笔记本。 Mèimei názǒule wǒ de bǐjìběn. 妹は私のノートを持って行った。
		搬走 bānzǒu	朋友一家人已经搬走了。 Péngyou yì jiārén yǐjing bānzǒu le. 友達一家はすでに引っ越した。
成	変化して別のものになる	换成 huànchéng	我想把人民币换成美元。 Wǒ xiǎng bǎ Rénmínbì huànchéng Měiyuán. 私は人民元を米ドルに換えたい。
		翻译成 fānyìchéng	我想把中文翻译成日文。 Wǒ xiǎng bǎ Zhōngwén fānyìchéng Rìwén. 私は中国語を日本語に翻訳したい。

089

補語成分	補語の意味	[V]＋補語	例文
开	離れたり、分かれたり、広がったりする	走开 zǒukāi	那儿非常危险，你快走开！ Nàr fēicháng wēixiǎn, nǐ kuài zǒukāi! あそこは非常に危険なので、はやく立ち去りなさい。
		推开 tuīkāi	我推开门进去了。 Wǒ tuīkāi mén jìnqu le 私はドアを押し開けて入って行った。
住	安定・固定	记住 jìzhù	你记住他的手机号码了吗? Nǐ jìzhù tā de shǒujī hàomǎ le ma? あなたは彼の携帯番号をしっかり覚えましたか?
		站住 zhànzhù	老师突然站住了。 Lǎoshī tūrán zhànzhù le 先生は突然立ち止まった。
到	①ある地点への到達 ②目的の達成	走到 zǒudào	我们走到公园了。 Wǒmen zǒudào gōngyuán le 私たちは(歩いて)公園に着いた。
		买到 mǎidào	我买到了一个手机。 Wǒ mǎidào le yí ge shǒujī. 私は携帯電話を一台買えた。
在	ある場所に落ち着く	住在 zhùzài	老师住在北京。 Lǎoshī zhùzài Běijīng. 先生は北京に住んでいる。
		写在 xiězài	你把名字写在本子上吧。 Nǐ bǎ míngzi xiězài běnzishang ba. 君は名前をノートに書きなさい。
给	人に与える、渡す	送给 sònggěi	我把礼物送给朋友了。 Wǒ bǎ lǐwù sònggěi péngyou le. 私はプレゼントを友達に贈った。
		寄给 jìgěi	中国朋友寄给我一封信。 Zhōngguó péngyou jìgěi wǒ yì fēng xìn. 中国人の友達が私に手紙を一通出した。
会	できる、習得する	学会 xuéhuì	他学会游泳了。 Tā xuéhuì yóuyǒng le. 彼は泳げるようになった。
错	間違える	说错 shuōcuò	我说错名字了。 Wǒ shuōcuò míngzi le. 私は名前を言い間違えた。
		写错 xiěcuò	你写错字了。 Nǐ xiěcuò zì le. あなたは字を書き間違えた。

090

補語成分	補語の意味	[V]+補語	例文
清楚	はっきりする	看清楚 kànqīngchu	那是谁，你看清楚了吗？ Nà shì shéi, nǐ kànqīngchu le ma? あれが誰か、君ははっきり見えましたか？
		说清楚 shuōqīngchu	请把理由说清楚。 Qǐng bǎ lǐyǒu shuōqīngchu. 理由をはっきり言ってください。
好	完成し、満足な状態になる	学好 xuéhǎo	我一定学好汉语。 Wǒ yídìng xuéhǎo Hànyǔ. 私は必ず中国語をマスターします。
		说好 shuōhǎo	我们说好明天九点见面。 Wǒmen shuōhǎo míngtiān jiǔ diǎn jiànmiàn 私たちは明日の九時に会うと約束した。
对	正しい、合っている	回答对 huídáduì	他回答对了。 Tā huídáduì le. 彼は正しく答えた。
		猜对 cāiduì	这个谜语他猜对了。 Zhège míyǔ tā cāiduì le このなぞなぞの答えを彼は当てた。
光	なにも残らなくなる	吃光 chīguāng	他把桌子上的菜都吃光了。 Tā bǎ zhuōzishang de cài dōu chīguāng le 彼は食卓の料理をすべて食べつくした。
		卖光 màiguāng	村上春树的小说都卖光了。 Cūnshàng Chūnshù de xiǎoshuō dōu màiguāng le. 村上春樹の小説はすべて売り切れた。
惯	慣れる	看惯 kànguàn	我已经看惯了，不觉得奇怪。 Wǒ yǐjing kànguàn le, bù juéde qíguài. 私はもう見慣れてしまったので、奇妙だとは感じない。
		吃惯 chīguàn	时间长了，也就吃惯了。 Shíjiān cháng le, yě jiù chīguàn le. 時間がたつうちに、もう食べ慣れた。
着	目的の達成	睡着 shuìzháo	昨天晚上，他很长时间没有睡着。 Zuótiān wǎnshang, tā hěn cháng shíjiān méiyou shuìzháo. 昨夜、彼は長いこと寝つけなかった。
		找着 zhǎozháo	丢的东西都找着了。 Diū de dōngxi dōu zhǎozháo le. なくした物はすべて見つかった。

方向補語

091

補語成分	補語の意味	[V]+補語	例文
上	①付着 ②目標の達成	关上 guānshang	老师关上窗户了。 Lǎoshī guānshang chuānghu le. 先生は窓を閉めた。
		赶上 gǎnshang	他没赶上十二点的火车。 Tā méi gǎnshang shí'èr diǎn de huǒchē. 彼は 12 時の汽車に間に合わなかった。
		考上 kǎoshang	我考上大学了。 Wǒ kǎoshang dàxué le. 私は大学に合格した
下	①離脱 ②残存	脱下 tuōxia	请在这里脱下皮鞋。 Qǐng zài zhèli tuōxia píxié. ここで革靴を脱いでください。
		留下 liúxia	他留下名片了。 Tā liúxia míngpiàn le 彼は名刺を残していった。
下去	継続	说下去 shuōxiaqu	你再说下去吧。 Nǐ zài shuōxiaqu ba 君は話し続けなさい。
		看下去 kànxiaqu	这本书我不想看下去了。 Zhè běn shū wǒ bù xiǎng kànxiaqu le この本を私は読み続けたくなくなった。
下来	①残存 ②継続 ③離脱	保存下来 bǎocúnxialai	这本书一直保存下来了。 Zhè běn shū yìzhí bǎocúnxialai le. この本はずっと保存されてきた。
		留下来 liúxialai	留下来的作品不那么多。 Liúxialai de zuòpǐn bú nàme duō 残された作品はそんなに多くない。
出来	①出現 ②識別	说出来 shuōchulai	请说出心里话来。 Qǐng shuōchu xīnlǐhuà lai 本音を打ち明けてください。
		想出来 xiǎngchulai	他想出一个好办法来了。 Tā xiǎngchū yí ge hǎo bànfǎ lai le. 彼はよい方法を1つ思いついた。
		看出来 kànchulai	我一看就看出来是你。 Wǒ yí kàn jiù kànchulai shì nǐ. 私は見るとすぐ君だと分かった。

092

補語成分	補語の意味	[V]+補語	例文
起来	開始	笑起来 xiàoqilai	他突然笑起来了。 Tā tūrán xiàoqilai le. 彼は突然笑い出した。
		哭起来 kūqilai	妈妈忍不住哭起来了。 Māma rěnbuzhù kūqilai le. 母はこらえきれず泣き出した。
起来	試行	说起来 shuōqilai	这件事说起来很可笑。 Zhè jiàn shì shuōqilai hěn kěxiào. このことは口にしてみるととても滑稽だ。
		做起来 zuòqilai	说起来容易，做起来难。 Shuōqilai róngyì, zuòqilai nán. 口で言うのは簡単だが、やってみると難しい。
起来	①収蔵 ②分散から集中へ	收拾起来 shōushiqilai	你快把衣服收拾起来吧。 Nǐ kuài bǎ yīfu shōushiqilai ba. あなたは服をさっさと片付けなさい。
		团结起来 tuánjiéqilai	我们一定要团结起来。 Wǒmen yídìng yào tuánjiéqilai. 私たちは必ず団結しなければならない。
起来	抽象的事物の出現・目的達成	想起来 xiǎngqilai	你一说我就想起来了。 Nǐ yì shuō wǒ jiù xiǎngqilai le. 君が口にするとすぐ私は思い出した。
		回忆起来 huíyìqilai	学生生活回忆起来很幸福。 Xuésheng shēnghuó huíyìqilai hěn xìngfú. 学生生活は思い出すととても幸せだった。
过来	正常化	改过来 gǎiguolai	有错改过来就行。 Yǒu cuò gǎiguolai jiù xíng 間違いがあれば、改めればよい。
		醒过来 xǐngguolai	她终于醒过来了。 Tā zhōngyú xǐngguolai le 彼女はとうとう目が覚めた。
过去	意識の喪失	昏过去 hūnguoqu	她累得昏过去了。 Tā lèide hūnguoqu le. 彼女は疲れて気を失った。

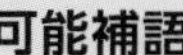

可能補語

補語成分	補語の意味	[V]+補語	例文
V不起	負担力や資格が無く、できない	买不起 mǎibuqǐ	我买不起这么贵的东西。 Wǒ mǎibuqǐ zhème guì de dōngxi. 私はこんなに高価な物を買えません。
		吃不起 chībuqǐ	我吃不起这么贵的牛肉。 Wǒ chībuqǐ zhème guì de niúròu 私はこんなに高い牛肉を食べられません。
V不到	ある位置、程度、目的に達しない	买不到 mǎibudào	这本杂志在东京买不到。 Zhè běn zázhì zài Dōngjīng mǎibudào この雑誌は東京で手に入らない。
		找不到 zhǎobudào	你没有地图找不到他家吧? Nǐ méiyǒu dìtú zhǎobudào tā jiā ba? 君は地図がないから、彼の家を見つけられないでしょう?
		看不到 kànbudào	再也看不到这么美丽的风景了。 Zài yě kànbudào zhème měilì de fēngjǐng le もう二度とこんなに美しい景色を見ることはできない。
V不了	量的に完了できない	买不了 mǎibuliǎo	你一次买不了那么多书吧? Nǐ yí cì mǎibuliǎo nàme duō shū ba あなたはあんなに多くの本を一度には買い切れないでしょう?
		拿不了 nábuliǎo	那么多书，我一次拿不了。 Nàme duō shū, wǒ yí cì nábuliǎo. あんなに多くの本を私は一度には持ち切れない。
		吃不了 chībuliǎo	我吃不了一只烤鸭。 Wǒ chībuliǎo yì zhī kǎoyā 私はアヒルの丸焼き1羽分を食べ切れない
V不了	～が不可能である	忘不了 wàngbuliǎo	我忘不了你的话。 Wǒ wàngbuliǎo nǐ de huà あなたの話を私は忘れられない。
		去不了 qùbuliǎo	那儿太远，我去不了。 Nàr tài yuǎn, wǒ qùbuliǎo あそこは遠すぎるので、私は行けない。

094

補語成分	補語の意味	[V]+補語	例文
V不下	収容するだけの空間がない	坐不下 zuòbuxià	我的房间坐不下这么多人。 Wǒ de fángjiān zuòbuxià zhème duō rén 私の部屋にこんなに多くの人は座れない。
		放不下 fàngbuxià	电冰箱里放不下那么大的西瓜。 Diànbīngxiāngli fàngbuxià nàme dà de xīguā 冷蔵庫の中にあんなに大きなスイカは入れられない。
		住不下 zhùbuxià	房子太小，住不下五口人。 Fángzi tài xiǎo, zhùbuxià wǔ kǒu rén 家が小さすぎるので、五人も住めない。
V不上	～を実現できない	考不上 kǎobushàng	你不努力，考不上大学。 Nǐ bù nǔlì, kǎobushàng dàxué 君は努力しないと、大学に受からないよ。
		比不上 bǐbushàng	班里他汉语最好，谁也比不上他。 Bānli tā Hànyǔ zuì hǎo, shéi yě bǐbushàng tā クラス内で彼の中国語が一番だ。誰も彼に及ばない。
		赶不上 gǎnbushàng	我们赶不上末班车了。 Wǒmen gǎnbushàng mòbānchē le 私たちは終電に間に合わなくなった。

熟語化した可能補語			
V不起	顔向けできない	对不起 duìbuqǐ	我实在对不起您。 Wǒ shízài duìbuqǐ nín あなたには本当に申し訳ないです。
	見上げられない、尊敬できない	看不起 kànbuqǐ	不要看不起人。 Búyào kànbuqǐ rén 他人を軽蔑してはいけない。
V不及	時間の余裕がなく間に合わない	来不及 láibují	后悔也来不及了。 Hòuhuǐ yě láibují le 後悔しても間に合わない。
V不了	精神的に、肉体的に不可能である	受不了 shòubuliǎo	今天热得受不了。 Jīntiān rède shòubuliǎo 今日は暑くて耐えられない
V不到	現実の結果に想像が及ばない	想不到 xiǎngbudào	真想不到在这儿见到您。 Zhēn xiǎngbudào zài zhèr jiàndào nín ここであなたにお目にかかれるとは思いもよりませんでした。

付録 重要構文

096

1 並列関係

又……，又…… ～であり、～また～だ	这儿的水果又贵，又不好吃。 Zhèr de shuǐguǒ yòu guì, yòu bù hàochī. ここの果物は高くて、まずい。
既……，又（也）…… ～である上に、また～だ	他既是我的老师，又是我的朋友。 Tā jìshì wǒ de lǎoshī, yòu shì wǒ de péngyou. 彼は私の先生であり、また友人でもある。
一会儿……，一会儿…… ～したり、～したりする	他一会儿这么说，一会儿那么说。 Tā yíhuìr zhème shuō, yíhuìr nàme shuō. 彼はこう言ってみたり、ああ言ってみたりする。
一边……，一边…… ～しながら、～する	他一边打工，一边上学。 Tā yìbiān dǎgōng, yìbiān shàngxué. 彼はアルバイトをしながら学校に通う。
不是……，而是…… ～ではなく、～だ	我不是不想去，而是没有时间去。 Wǒ búshì bùxiǎng qù, ér shì méiyǒu shíjiān qù. 私は行きたくないのではなく、行く時間がないのだ。

097

2 連続関係

先……，再…… まず～し、それから～する	我先去买菜，再准备做饭。 Wǒ xiān qù mǎi cài, zài zhǔnbèi zuò fàn. 私はまず買物に行って、それから食事のしたくをする。
先……，然后…… まず～し、その後～する	我们先吃饭，然后去看电影吧。 Wǒmen xiān chī fàn, ránhòu qù kàn diànyǐng ba. まず先に食事をし、それから映画を見に行きましょう。
等……，再…… ～してから、～する	等你毕了业，咱们再结婚吧。 Děng nǐ bìle yè, zánmen zài jiéhūn ba. あなたが卒業してから、私たち結婚しよう。
一……，就…… ～すると、すぐに～する	她一躺下，就睡着了。 Tā yì tǎng xià, jiù shuìzháo le. 彼女は横になると、すぐ寝入ってしまった。

098

3 選択関係

是……，还是……？ ～か、それとも～か？	你是坐火车去，还是坐飞机去？ Nǐ shì zuò huǒchē qù, háishi zuò fēijī qù? あなたは汽車で行きますか、それとも飛行機で行きますか？
不是…，就是… ～でなければ、～だ	他在家不是看书，就是听音乐。 Tā zài jiā búshì kànshū, jiùshì tīng yīnyuè. 彼は家で本を読んでいるのでなければ、音楽を聴いている。

099

4 累加関係

不但……， 而且（还，也）…… ～だけでなく、また～だ	这种商品不但质量好，而且价格也便宜。 Zhè zhǒng shāngpǐn búdàn zhìliàng hǎo, érqiě jiàgé yě piányi. この商品は品質がよいだけでなく、値段も安い。
不仅……， 也（还，而且）…… ～だけでなく、また～だ	这不仅是你个人的事，也是大家的事。 Zhè bùjǐn shì nǐ gèrén de shì, yěshì dàjiā de shì. これは君個人のことであるばかりでなく、みんなのことでもあるのだ。

100

5 因果関係

因为……，所以…… ～なので、～だ	因为他说得太快，所以我没听懂。 Yīnwèi tā shuōde tài kuài, suǒyǐ wǒ méi tīngdǒng. 彼はとても早口なので、私は聞き取れなかった。
由于……，所以…… ～なので、だから～だ	由于没钱，所以没买衣服。 Yóuyú méi qián, suǒyǐ méi mǎi yīfu. お金がないので、服を買わなかった。
既然……，就…… ～である以上、～だ	你既然上了大学，就好好儿学习吧。 Nǐ jìrán shàngle dàxué, jiù hǎohāor xuéxí ba. 君は大学に入ったからには、しっかり勉強しなさい。

101

6 逆接関係

虽然……，但是（但，可是，不过）…… ～だが、しかし～だ	他虽然没留过学，但是汉语说得不错。 Tā suīrán méi liúguo xué, dànshì Hànyǔ shuōde búcuò. 彼は留学したことがないが、中国語を上手に話す。
尽管……，但是（但，可是，不过）…… ～だが、しかし～だ	尽管工资不多，但是工作很愉快。 Jǐnguǎn gōngzī bù duō, dànshì gōngzuò hěn yúkuài. 給料は少ないが、仕事は楽しい。
……，而…… ～だが、しかし～だ	经济发展很快，而环境污染也非常严重。 Jīngjì fāzhǎn hěn kuài, ér huánjìng wūrǎn yě fēicháng yánzhòng. 経済発展は速いが、環境汚染が非常に深刻でもある。

102

7 仮定関係

要是……，（就）…… もし～であれば、～だ	要是买不到飞机票，就坐火车去吧。 Yàoshi mǎibúdào fēijī piào, jiù zuò huǒchē qù ba. もし航空券を買えないのなら、汽車で行きましょう。
如果……，（就）…… もし～であれば、～だ	你如果有时间，常来玩儿吧。 Nǐ rúguǒ yǒu shíjiān, cháng lái wánr ba. もし時間があったら、ちょくちょく遊びに来なさい。
如果……的话，（就）…… もし～なら、～だ	如果有什么事的话，请给我打电话。 Rúguǒ yǒu shénme shì de huà, qǐng gěi wǒ dǎ diànhuà. もしなにか用事あったら、私に電話をかけてください。
……，否则…… ～、さもなければ～だ	冬天要多穿些衣服，否则会感冒。 Dōngtiān yào duō chuān xiē yīfu, fǒuzé huì gǎnmào. 冬は多めに服を着ないと、風邪を引くよ。

103

8 条件関係

只要……，就…… ～しさえすれば、～だ	只要努力学习，就一定能学好汉语。 Zhǐyào nǔlì xuéxí, jiù yídìng néng xuéhǎo Hànyǔ. 懸命に勉強しさえすれば、必ず中国語をマスターできる。
只有……，才…… ～してこそ、～だ	只有这样做，才能解决问题。 Zhǐyǒu zhèyàng zuò, cái néng jiějué wèntí. このようにしない限り、問題を解決できない。

不管……，都(也)…… ～であろうと、～だ	不管天气怎么样，我都去。 Bùguǎn tiānqì zěnmeyàng, wǒ dōu qù. 天気がどうであろうと、私は行きます。
无论……，都(也)…… ～であろうと、～だ	无论做什么工作，他都非常认真。 Wúlùn zuò shénme gōngzuò, tā dōu fēicháng rènzhēn. どんな仕事をやるにしても、彼は非常にまじめだ。

104

9 譲歩関係

即使……，也(还)…… たとえ～でも、～だ	即使父母反对，我也要去留学。 Jíshǐ fùmǔ fǎnduì, wǒ yě yào qù liúxué. たとえ両親が反対しても、私は留学に行きます。
哪怕……，也(都)…… たとえ～でも、～だ	哪怕下大雨，他也得去。 Nǎpà xià dàyǔ, tā yě děi qù. たとえ大雨が降っても、彼は行かなければならない。
就是……，也…… たとえ～でも、～だ	就是不吃不睡，也要完成任务。 Jiùshì bù chī bú shuì, yě yào wánchéng rènwu. たとえ不眠不休でも、任務をやり遂げなければならない。

105

10 連鎖関係（"越……，越……"、疑問詞の呼応などを用いる）

越……，越…… ～するほど、～だ	大人越批评，孩子越不听话。 Dàrén yuè pīpíng, háizi yuè bù tīnghuà. 大人が叱れば叱るほど、子どもは言うことを聞かなくなる。

・疑問詞の呼応

谁	谁愿意去，谁去。 Shéi yuànyi qù, shéi qù. 行きたいと思う人が行きなさい。
什么	你想吃什么，我就请你吃什么。 Nǐ xiǎng chī shénme, wǒ jiù qǐng nǐ chī shénme. 君が食べたいものを、私はご馳走するよ。
什么时候	你什么时候需要我的帮助，我就什么时候来。 Nǐ shénme shíhou xūyào wǒ de bāngzhù, wǒ jiù shénme shíhou lái. いつでも私の助けが必要なときに来るよ。
哪里	哪里需要，就到哪里去。 Nǎli xūyào, jiù dào nǎli qù. 求められる所ならどこへでも行きます。

哪个	你喜欢哪个，我就给你哪个。 Nǐ xǐhuan něige, wǒ jiù gěi nǐ něige. どれでも君が好きなものをあげるよ。
怎么	你心里怎么想，就怎么说吧。 Nǐ xīnli zěnme xiǎng, jiù zěnme shuō ba. 心に思っている通りに話しなさい。
多少	你想喝多少，就喝多少。 Nǐ xiǎng hē duōshao, jiù hē duōshao. 飲みたいだけいくらでも飲みなさい。

106 その他の重要文型

非……不可 ～でなければだめだ	这件事非你自己办不可。 Zhè jiàn shì fēi nǐ zìjǐ bàn bùkě. この事は君が自らやらなければだめだ。
再……也…… どんなに～しても～だ	工作再忙也得好好儿吃饭。 Gōngzuò zài máng yě děi hǎohāor chīfàn. 仕事がどんなに忙しくてもしっかり食事をとらなければならない。
连……也（都）…… ～でさえ～だ	你难道连这么简单的事也不知道吗？ Nǐ nándào lián zhème jiǎndān de shì yě bù zhīdao ma? まさか君はこんな簡単なことさえ知らないというのかい？
越来越…… ますます～だ	她长得越来越像她妈妈了。 Tā zhǎngde yuè lái yuè xiàng tā māma le. 彼女はますます母親に似てきた。
除了……以外，还…… ～のほか、～も	除了滑冰以外，我还喜欢滑雪。 Chúle huábīng yǐwài, wǒ hái xǐhuān huáxuě. スケートのほかに、私はスキーも好きだ。
除了……以外，都…… 以外は～、すべて～	除了他以外，其他的人都去过中国。 Chúle tā yǐwài, qítā de rén dōu qùguo Zhōngguó. 彼以外の人は、すべて中国に行ったことがあります。

巻末付録

日本都道府県名
中華人民共和国主要地名
世界主要国名・地名
インバウンド向け日本常用地名
IT用語・欧米企業・中国企業
有名ブランド一覧

巻末付録 日本都道府県名

107

簡体字	ピンイン
北海道	Běihǎi dào
青森县	Qīngsēn xiàn
岩手县	Yánshǒu xiàn
宫城县	Gōngchéng xiàn
秋田县	Qiūtián xiàn
山形县	Shānxíng xiàn
福岛县	Fúdǎo xiàn
茨城县	Cíchéng xiàn
枥木县	Lìmù xiàn
群马县	Qúnmǎ xiàn
埼玉县	Qíyù xiàn
千叶县	Qiānyè xiàn
东京都	Dōngjīng dū
神奈川县	Shénnàichuān xiàn
新潟县	Xīnxì xiàn
富山县	Fùshān xiàn
石川县	Shíchuān xiàn
福井县	Fújǐng xiàn
山梨县	Shānlí xiàn
长野县	Chángyě xiàn
岐阜县	Qífù xiàn
静冈县	Jìnggāng xiàn
爱知县	Àizhī xiàn
三重县	Sānchóng xiàn

簡体字	ピンイン
滋贺县	Zīhè xiàn
京都府	Jīngdū fǔ
大阪府	Dàbǎn fǔ
兵库县	Bīngkù xiàn
奈良县	Nàiliáng xiàn
和歌山县	Hégēshān xiàn
鸟取县	Niǎoqǔ xiàn
岛根县	Dǎogēn xiàn
冈山县	Gāngshān xiàn
广岛县	Guǎngdǎo xiàn
山口县	Shānkǒu xiàn
德岛县	Dédǎo xiàn
香川县	Xiāngchuān xiàn
爱媛县	Àiyuán xiàn
高知县	Gāozhī xiàn
福冈县	Fúgāng xiàn
佐贺县	Zuǒhè xiàn
长崎县	Chángqí xiàn
熊本县	Xióngběn xiàn
大分县	Dàfēn xiàn
宫崎县	Gōngqí xiàn
鹿儿岛县	Lù'érdǎo xiàn
冲绳县	Chōngshéng xiàn

巻末付録 中華人民共和国主要地名

108

中華人民共和国行政区画一覧

直轄市		
北京市	Běijīng shì	北京市
天津市	Tiānjīn shì	天津市
上海市	Shànghǎi shì	上海市
重庆市	Chóngqìng shì	重慶市

省・自治区		
河北省	Héběi shěng	河北省
山西省	Shānxī shěng	山西省
内蒙古自治区	Nèiměnggǔ zìzhìqū	内モンゴル自治区
辽宁省	Liáoníng shěng	遼寧省
吉林省	Jílín shěng	吉林省
黑龙江省	Hēilóngjiāng shěng	黒竜江省
江苏省	Jiāngsū shěng	江蘇省
浙江省	Zhèjiāng shěng	浙江省
安徽省	Ānhuī shěng	安徽省
福建省	Fújiàn shěng	福建省
江西省	Jiāngxī shěng	江西省
山东省	Shāndōng shěng	山東省
河南省	Hénán shěng	河南省
湖北省	Húběi shěng	湖北省
湖南省	Húnán shěng	湖南省
广东省	Guǎngdōng shěng	広東省
广西壮族自治区	Guǎngxī zhuàngzú zìzhìqū	広西チワン族自治区
海南省	Hǎinán shěng	海南省
四川省	Sìchuān shěng	四川省
贵州省	Guìzhōu shěng	貴州省

云南省	Yúnnán shěng	雲南省
西藏自治区	Xīzàng zìzhìqū	チベット自治区
陕西省	Shǎnxī shěng	陝西省
甘肃省	Gānsù shěng	甘粛省
青海省	Qīnghǎi shěng	青海省
宁夏回族自治区	Níngxià huízú zìzhìqū	寧夏回族自治区
新疆维吾尔自治区	Xīnjiāng wéiwú'ěr zìzhìqū	新疆ウイグル自治区

特別行政区

香港特别行政区	Xiānggǎng tèbié xíngzhèngqū	香港特別行政区
澳门特别行政区	Àomén tèbié xíngzhèngqū	マカオ特別行政区

109

中国常用地名一覧

长春	Chángchūn	長春(吉林省)
长沙	Chángshā	長沙(湖南省)
成都	Chéngdū	成都(四川省)
大连	Dàlián	大連(遼寧省)
东莞	Dōngguǎn	東莞(広東省)
敦煌	Dūnhuáng	敦煌(甘粛省)
福州	Fúzhōu	福州(福建省)
广州	Guǎngzhōu	広州(広東省)
桂林	Guìlín	桂林(広西チワン族自治区)
贵阳	Guìyáng	貴陽(貴州省)
哈尔滨	Hā'ěrbīn	ハルビン(黒竜江省)
海口	Hǎikǒu	海口(海南省)
杭州	Hángzhōu	杭州(浙江省)
合肥	Héféi	合肥(安徽省)
呼和浩特	Hūhéhàotè	フフホト(内蒙古自治区)
济南	Jǐnán	済南(山東省)
昆明	Kūnmíng	昆明(雲南省)

兰州	Lánzhōu	蘭州(甘粛省)
拉萨	Lāsà	ラサ(チベット自治区)
南昌	Nánchāng	南昌(江西省)
南京	Nánjīng	南京(江蘇省)
南宁	Nánníng	南寧(広西チワン族自治区)
宁波	Níngbō	寧波(浙江省)
浦东	Pǔdōng	浦東地区(上海市)
青岛	Qīngdǎo	チンタオ(山東省)
绍兴	Shàoxīng	紹興(浙江省)
沈阳	Shěnyáng	瀋陽(遼寧省)
深圳	Shēnzhèn	深圳(広東省)
石家庄	Shíjiāzhuāng	石家荘(河北省)
苏州	Sūzhōu	蘇州(江蘇省)
太原	Tàiyuán	太原(山西省)
武汉	Wǔhàn	武漢(湖北省)
乌鲁木齐	Wūlǔmùqí	ウルムチ(新疆自治区)
无锡	Wúxī	無錫(江蘇省)
厦门	Xiàmén	アモイ(福建省)
西安	Xī'ān	西安(陝西省)
西宁	Xīníng	西寧(青海省)
延安	Yán'ān	延安(陝西省)
银川	Yínchuān	銀川(寧夏回族自治区)
郑州	Zhèngzhōu	鄭州(河南省)

110

亚洲	Yàzhōu	アジア
非洲	Fēizhōu	アフリカ
美洲	Měizhōu	アメリカ
大洋洲	Dàyángzhōu	オセアニア
欧洲	Ōuzhōu	ヨーロッパ
日本	Rìběn	日本
不丹	Bùdān	ブータン
菲律宾	Fēilǜbīn	フィリピン
韩国	Hánguó	韓国
老挝	Lǎowō	ラオス
蒙古	Ménggǔ	モンゴル
孟加拉国	Mèngjiālā guó	バングラデシュ
缅甸	Miǎndiàn	ミャンマー
尼泊尔	Níbó'ěr	ネパール
泰国	Tàiguó	タイ
新加坡	Xīnjiāpō	シンガポール
印度尼西亚	Yìndùníxīyà	インドネシア
越南	Yuènán	ベトナム
中国	Zhōngguó	中国
香港	Xiānggǎng	香港
台湾	Táiwān	台湾
德国	Déguó	ドイツ
俄国	Éguó	ロシア
法国	Fǎguó	フランス
西班牙	Xībānyá	スペイン
意大利	Yìdàlì	イタリア
英国	Yīngguó	イギリス
美国	Měiguó	アメリカ
加拿大	Jiānádà	カナダ
巴西	Bāxī	ブラジル
印度	Yìndù	インド
澳大利亚	Àodàlìyà	オーストラリア

巻末付録 世界主要都市名・地名

111

高雄	Gāoxióng	高雄
台中	Táizhōng	台中
台北	Táiběi	台北
桃园	Táoyuán	桃園
首尔	Shǒu’ěr	ソウル
釜山	Fǔshān	釜山
曼谷	Màngǔ	バンコク
胡志明市	Húzhìmíng shì	ホーチミン
河内	Hénèi	ハノイ
关岛	Guāndǎo	グアム
吉隆坡	Jílóngpō	クアラルンプール
巴厘岛	Bālídǎo	バリ島
夏威夷	Xiàwēiyí	ハワイ
檀香山	Tánxiāngshān	ホノルル（火奴鲁鲁 huǒnúlǔlǔ とも）
维也纳	Wéiyěnà	ウィーン
巴黎	Bālí	パリ
巴塞罗纳	Bāsèluōnà	バルセロナ
法兰克福	Fǎlánkèfú	フランクフルト
柏林	Bólín	ベルリン
慕尼黑	Mùníhēi	ミュンヘン
莫斯科	Mòsīkē	モスクワ
罗马	Luómǎ	ローマ
伦敦	Lúndūn	ロンドン
旧金山	Jiùjīnshān	サンフランシスコ
纽约	Niǔyuē	ニューヨーク
拉斯韦加斯	Lāsīwéijiāsī	ラスベガス
洛杉矶	Luòshānjī	ロサンゼルス
阿姆斯特丹	Āmǔsītèdān	アムステルダム
多伦多	Duōlúnduō	トロント
温哥华	Wēngēhuá	バンクーバー
悉尼	Xīní	シドニー
墨尔本	Mò’ěrběn	メルボルン

巻末付録 インバウンド向け日本常用地名

*中国人観光客に人気のある観光地を中心に常用地名などを掲げた

112

簡体字	ピンイン	日本語訳
池袋	Chídài	池袋
饭田桥	Fàntiánqiáo	飯田橋
高田马场	Gāotiánmǎchǎng	高田馬場
惠比寿	Huìbǐshòu	恵比寿
品川	Pǐnchuān	品川
秋叶原	Qiūyèyuán	秋葉原
日暮里	Rìmùlǐ	日暮里
涩谷	Sègǔ	渋谷
上野	Shàngyě	上野
神田	Shéntián	神田
舞滨	Wǔbīn	舞浜(千葉県浦安市にある駅名)
新大久保	Xīndàjiǔbǎo	新大久保
新宿	Xīnsù	新宿
原宿	Yuánsù	原宿
早稻田	Zǎodàotián	早稲田
银座	Yínzuò	銀座
台场	Táichǎng	お台場
浅草	Qiǎncǎo	浅草
JR 线	JR xiàn	JR線
新干线	Xīngànxiàn	新幹線
京成线	Jīngchéng xiàn	京成線
东京地铁	Dōngjīng dìtiě	東京メトロ
成田机场	Chéngtián jīchǎng	成田国際空港

113

簡体字	ピンイン	日本語訳
羽田机场	Yǔtián jīchǎng	羽田国際空港
大阪	Dàbǎn	大阪
难波	Nánbō	難波
天王寺	Tiānwángsì	天王寺
梅田	Méitián	梅田
京都	Jīngdū	京都
祇园	Qíyuán	祇園
鸭川	Yāchuān	鴨川
岚山	Lánshān	嵐山
奈良	Nàiliáng	奈良
神户	Shénhù	神戸
大阪国际机场	Dàbǎn guójì jīchǎng	大阪(伊丹)国際空港
关西国际机场	Guānxī guójì jīchǎng	関西国際空港
京阪电车	Jīngbǎn diànchē	京阪電車
阪神电铁	Bǎnshén diàntiě	阪神電鉄
阪急电车	Bǎnjí diànchē	阪急電車
近铁线	Jìntiě xiàn	近鉄線
旭川市旭山动物园	Xùchuānshì xùshān dòngwùyuán	旭川市旭山動物園
函馆山	Hánguǎnshān	函館山
白神山地	Báishén shāndì	白神山地
弘前城	Hóngqián chéng	弘前城
十和田湖	Shíhétiánhú	十和田湖
中尊寺	Zhōngzūnsì	中尊寺
日光东照宫	Rìguāng dōngzhàogōng	日光東照宮
尾濑国立公园	Wěilài guólì gōngyuán	尾瀬国立公園
东京铁塔	Dōngjīng tiětǎ	東京タワー

114

簡体字	ピンイン	日本語訳
东京晴空塔	Dōngjīng qíngkōngtǎ	東京スカイツリー
东京迪士尼乐园	Dōngjīng díshìní lèyuán	東京ディズニーランド
横滨中华街	Héngbīn zhōnghuájiē	横浜中華街
浅草寺	Qiǎncǎosì	浅草寺
阿美横商店街	Āměihéng shāngdiànjiē	アメ横商店街
两国国技馆	Liǎngguó guójìguǎn	両国国技館
歌舞伎剧院	Gēwǔjì jùyuàn	歌舞伎座
镰仓大佛殿	Liáncāng dàfúdiàn	鎌倉大仏殿
芦之湖	Lúzhīhú	芦ノ湖
富士山	Fùshìshān	富士山
善光寺	Shànguāngsì	善光寺
松本城	Sōngběnchéng	松本城
黑部水坝	Hēibù shuǐbà	黒部ダム
兼六园	Jiānliùyuán	兼六園
福井县恐龙博物馆	Fújǐng xiàn kǒnglóng bówùguǎn	福井県立恐竜博物館
名古屋城	Mínggǔwūchéng	名古屋城
白川乡合掌造村落	Báichuānxiāng hézhǎngzào cūnluò	白川郷合掌造り集落
琵琶湖	Pípáhú	びわ湖
伊势神宫	Yīshì shéngōng	伊勢神宮
熊野古道	Xióngyě gǔdào	熊野古道
金阁寺	Jīngésì	金閣寺
银阁寺	Yíngésì	銀閣寺
二条城	Èrtiáochéng	二条城
清水寺	Qīngshuǐsì	清水寺
东大寺	Dōngdàsì	東大寺

115

簡体字	ピンイン	日本語訳
法隆寺	Fǎlōngsì	法隆寺
兴福寺	Xīngfúsì	興福寺
唐招提寺	Tángzhāotísì	唐招提寺
大阪城	Dàbǎnchéng	大阪城
通天阁	Tōngtiāngé	通天閣
阿倍野HARUKAS	Ābèiyě HARUKAS	あべのハルカス
日本环球影城	Rìběn huánqiú yǐngchéng	ユニバーサルスタジオジャパン
姬路城	Jīlùchéng	姫路城
高野山	Gāoyěshān	高野山
严岛神社	Yándǎo shénshè	嚴島神社
出云大社	Chūyún dàshè	出雲大社
太宰府天满宫	Tàizǎifǔ tiānmǎngōng	太宰府天満宮
豪斯登堡	Háosīdēngbǎo	ハウステンボス
熊本城	Xióngběnchéng	熊本城
阿苏山	Āsūshān	阿蘇山
首里城	Shǒulǐchéng	首里城
冲绳美丽海水族馆	Chōngshéng měilìhǎi shuǐzúguǎn	沖縄美ら海水族館

116

簡体字	ピンイン	日本語訳
笔记本电脑	bǐjìběn diànnǎo	ノートパソコン
病毒	bìngdú	ウイルス、コンピュータウイルス
充电宝	chōngdiànbǎo	モバイルバッテリー ［参］行动电源 xíngdòng diànyuán とも
短信	duǎnxìn	ショートメッセージ、SMS 收短信 shōu duǎnxìn SMSを受信する
二维码	èrwéimǎ	QRコード 扫二维码 sǎo èrwéimǎ QRコードをスキャンする
光棍节	Guānggùn jié	双11、独身者の日(中国ECサイトが販促イベントを実施)
互联网	hùliánwǎng	インターネット、因特网 yīntèwǎng とも
蓝牙	lányá	ブルートゥース
密码	mìmǎ	パスワード
平板电脑	píngbǎn diànnǎo	タブレットPC
软件	ruǎnjiàn	ソフトウェア
输入	shūrù	(文字などを)入力する
搜索	sōusuǒ	探す、(ネットで)検索する　用手机搜索一下 yòng shǒujī sōusuǒ yíxià 携帯でちょっと検索する
随身网	suíshēnwǎng	モバイルネットワーク
网络共享	wǎngluò gòngxiǎng	ネットワーク共有、テザリング
网页	wǎngyè	ウェブページ
网站	wǎngzhàn	ウェブサイト
无线网	wúxiànwǎng	Wi-Fi
下载	xiàzǎi	ダウンロードする(慣用的に zài ではなく zǎi と読む) 下载文件 xiàzǎi wénjiàn ファイルをダウンロードする
优盘	yōupán	USBメモリ

欧米企業

117

簡体字	ピンイン	日本語訳
安卓	Ānzhuō	アンドロイド
谷歌	Gŭgē	グーグル
脸书	Liănshū	フェイスブック
推特	Tuītè	ツイッター
苹果电脑	Píngguŏ diànnăo	アップルコンピュータ
微软	Wēiruăn	マイクロソフト
亚马逊	Yàmăxùn	アマゾン中国(中国EC市場からすでに撤退) KindleなどAWSのみ継続

中国企業

118

簡体字	ピンイン	日本語訳
阿里巴巴	Ālĭbābā	アリババHD。杭州に本社をおき、アリペイなどのサービスを提供
当当	Dāngdāng	当当(中国ECサイト)
抖音	Dŏuyīn	TikTok。ByteDanceが提供するショートビデオサービス
京东	Jīngdōng	JD京東(テンセントのECサイト)
淘宝	Táobăo	タオバオ(Ali BabaグループのC to C向けECサイト)
腾讯	Téngxùn	テンセントHD。深圳に本社をおき、Wechatなどのサービスを提供
天猫	Tiānmāo	天猫Tmall(Ali BabaグループのB to C向けECサイト)
微博	Wēibó	Weibo、マイクロ・ブログ(中国版Twitter)
微信	Wēixìn	We Chat、微信(中国版LINE)キャッシュレス決済サービスを含む
支付宝	Zhīfùbăo	アリペイ。アリババによるキャッシュレス決済サービス
芝麻信用	Zhīmá xìnyòng	セサミクレジット。アリババによる個人信用評価システム
百度	Băidù	バイドゥ(検索エンジン)
华为	Huáwéi	ファーウェイ(携帯電話を中心とする通信機器メーカー)
小米	Xiăomĭ	小米科技(携帯電話を中心とする家電メーカー)

119

巻末付録 有名ブランド一覧

簡体字	ピンイン	〔国家地域〕ブランド名：業種
宝马	Bǎomǎ	〔独〕BMW：自動車
奔驰	Bēnchí	〔独〕メルセデスベンツ：自動車
大众汽车	Dàzhòng qìchē	〔独〕フォルクスワーゲン：自動車
丰田汽车	Fēngtián qìchē	〔日〕トヨタ：自動車
特斯拉	Tèsīlā	〔米〕テスラ：電気自動車
比亚迪	Bǐyǎdí	〔中〕BYD：電気自動車
佳能	Jiānéng	〔日〕キャノン：電気機器
索尼	Suǒní	〔日〕ソニー：電気機器
夏普	Xiàpǔ	〔台〕シャープ：電気機器（2016年にフォックスコンが買収）
劳力士	Láolìshì	〔スイス〕ロレックス：時計
宝洁	Bǎojié	〔米〕P&G：化学
迪士尼	Díshìní	〔米〕ディズニー：娯楽
希尔顿	Xī'ěrdùn	〔米〕ヒルトン：ホテル
乐天	Lètiān	〔韓〕（主に）ロッテ、〔日〕（一部）楽天
百威	Bǎiwēi	〔米〕バドワイザー：飲料
三得利	Sāndélì	〔日〕サントリー：飲料
养乐多	Yǎnglèduō	〔日〕ヤクルト：飲料
哈根达	Hāgēndá	〔米〕ハーゲンダッツ：食品
阿玛尼	Āmǎní	〔伊〕アルマーニ：ファッション
杜嘉班纳	Dùjiābānnà	〔伊〕ドルチェ&ガッバーナ：ファッション
蒂芙尼	Dìfúní	〔米〕ティファニー：宝飾
古姿	Gǔzī	〔伊〕グッチ：ファッション
路易威登	Lùyìwēidēng	〔仏〕ルイ・ヴィトン：ファッション
普拉达	Pǔlādá	〔伊〕プラダ：ファッション

簡体字	ピンイン	〔国家地域〕ブランド名：業種
香奈尔	Xiāngnài'ěr	〔仏〕シャネル：ファッション
优衣库	Yōuyīkù	〔日〕ユニクロ：ファッション
家乐福	Jiālèfú	〔仏〕カルフール：流通：スーパーマーケット
开市客	Kāishìkè	〔米〕コストコ：流通：スーパーマーケット
沃尔玛	Wò'ěrmǎ	〔米〕ウォルマート：流通：スーパーマーケット
永旺	Yǒngwàng	〔日〕イオン：流通：スーパーマーケット
好德	hǎodé	〔中〕all days：流通：コンビニエンスストア
罗森	Luósēn	〔日〕ローソン：流通：コンビニエンスストア
7-ELEVEN	Qī-shíyī	〔日〕セブンイレブン：流通：コンビニエンスストア
全家	Quánjiā	〔日〕ファミリーマート：流通：コンビニエンスストア
喜士多	Xǐshìduō	〔台〕C-Store：流通：コンビニエンスストア
必胜客	Bìshèngkè	〔米〕ピザハット：飲食：ピザ
德克士	Dékèshì	〔台〕ディコス：飲食：チキン（1996年に頂新集団が米資本から買収）
海底捞	Hǎidǐlāo	〔中〕海底撈：飲食：中華料理（火鍋）
汉堡王	Hànbǎowáng	〔米〕バーガーキング：飲食：ハンバーガー
吉野家	Jíyějiā	〔日〕吉野家：飲食：日本料理
肯德基	Kěndéjī	〔米〕ケンタッキー：飲食：チキン
麦当劳	Màidāngláo	〔米〕マクドナルド：飲食：ハンバーガー
赛百味	Sàibǎiwèi	〔米〕サブウェイ：飲食：サンドイッチ
萨莉亚	Sàlìyà	〔日〕サイゼリヤ：飲食：イタリア料理
食其家	Shíqíjiā	〔日〕すき家：飲食：日本料理
味千拉面	Wèiqiānlāmiàn	〔日〕味千ラーメン：飲食：日本料理
小肥羊	Xiǎoféiyáng	〔中〕小肥羊：飲食：中華料理（薬膳火鍋）
星巴克	Xīngbākè	〔米〕スターバックス：飲食：コーヒー
永和王	Yǒnghéwáng	〔中〕永和王：飲食：中華料理
真功夫	Zhēngōngfū	〔中〕真功夫：飲食：中華料理

語句索引

●初級付録「動作のアスペクト」、「教室用語」、中級付録「常用多音字」、巻末付録各種地名は索引に含まない。

放不下 fàngbuxià 140
放假 fàngjià 36
放弃 fàngqì 91
放松 fàngsōng 91
放心 fàngxīn 28
非……不可 fēi……bùkě 145
非常 fēicháng 43
飞机 fēijī 22
分（人民元） fēn 9
分（時間） fēn 26
分之 fēnzhī 59
分钟 fēnzhōng 26
份 fèn 58
封 fēng 7
丰富 fēngfù 111
丰田汽车 Fēngtián qìchē 160
风景 fēngjǐng 63
否则（接続詞） fǒuzé 127
否则（重要構文） fǒuzé 143
符合 fúhé 87
服务员 fúwùyuán 11
付 fù 29
付款 fùkuǎn 98
富 fù 111
父亲 fùqin 12
附近 fùjìn 10
复习 fùxí 37
复印 fùyìn 98
复杂 fùzá 111
负责 fùzé 88

G

改变 gǎibiàn 87
改过来 gǎiguolai 138
干杯 gānbēi 94
干净 gānjìng 39
干燥 gānzào 111
感动 gǎndòng 91
感觉 gǎnjué 82
感冒 gǎnmào 32
感情 gǎnqíng 79
感谢 gǎnxiè 28
赶 gǎn 94
赶不上 gǎnbushàng 140
赶上 gǎnshang 137
敢 gǎn 109
干 gàn 32
刚 gāng 43
刚才 gāngcái 43
钢笔 gāngbǐ 18
钢琴 gāngqín 73
高 gāo 38
高速公路 gāosù gōnglù 78
高铁 gāotiě 22
高兴 gāoxìng 39
高中 gāozhōng 73
搞 gǎo 99
告诉 gàosu 32
哥哥 gēge 12
胳膊 gēbo 70
隔壁 gébì 63
个 ge 7
个子 gèzi 20
各 gè 58
给（動詞） gěi 33
给（介詞） gěi 46
根据 gēnjù 125
跟 gēn 46
更 gèng 43
工厂 gōngchǎng 75
工夫 gōngfu 85
工具 gōngjù 82
工人 gōngrén 75
工资 gōngzī 75
工作 gōngzuò 33
公共汽车 gōnggòng qìchē 23
公斤 gōngjīn 59
公里 gōnglǐ 59
公司 gōngsī 21
公园 gōngyuán 21
共同 gòngtóng 120
共享单车 gòngxiǎng dānchē 158
狗 gǒu 16
够 gòu 99
购物 gòuwù 63
估计 gūjì 87
古姿 Gǔzī 160
谷歌 Gǔgē 159
股东 gǔdōng 75
鼓励 gǔlì 88
鼓掌 gǔzhǎng 94
故事 gùshi 74
故意 gùyì 120
顾客 gùkè 75
刮风 guā fēng 37
挂 guà 94
关 guān 29
关键 guānjiàn 82
关上 guānshang 137
关系 guānxi 23
关心 guānxīn 91
关于 guānyú 125
观点 guāndiǎn 82
观众 guānzhòng 74
官网 guānwǎng 158
管理 guǎnlǐ 106
光 guāng 120
光棍节 Guānggùn jié 158
广播 guǎngbō 106
广告 guǎnggào 75
逛 guàng 99
规定 guīdìng 88
贵 guì 40
国籍 guójí 75
国际 guójì 75
国家 guójiā 75
国庆节 Guóqìngjié 28
果然 guǒrán 120
果汁 guǒzhī 66
过（動詞） guò 29
过（助詞） guo 47
过程 guòchéng 82
过敏 guòmín 112
过去 guòqù 85

H

哈根达 Hāgēndá 160
好看 hǎokàn 40
孩子 háizi 12
还 hái 44
还是（副詞） háishi 44
还是（接続詞） háishi 46
海洋 hǎiyáng 84
海底捞 Hǎidǐlāo 161
害怕 hàipà 91
害羞 hàixiū 91
寒假 hánjià 18
韩国 Hánguó 25
韩文 Hánwén 25
韩语 Hányǔ 25
汉堡王 Hànbǎowáng 161
汉语 Hànyǔ 25
汉字 Hànzì 18
汗 hàn 70
航班 hángbān 78
好 hǎo 40
好吃 hǎochī 40
好处 hǎochu 79
好德 hǎodé 161
好像 hǎoxiàng 120
号 hào 25
号码 hàomǎ 82
喝 hē 33
合格 hégé 99
合适 héshì 112
合同 hétong 76
河 hé 84
和 hé 47
盒子 hézi 63
黑 hēi 110
黑板 hēibǎn 72
很 hěn 44
红 hóng 110
红茶 hóngchá 16
猴子 hóuzi 68
后边 hòubian 10
后悔 hòuhuǐ 91
后来 hòulái 120
后年 hòunián 27
后天 hòutiān 27
厚 hòu 112
忽然 hūrán 120
互联网（名詞） hùliánwǎng 79
互联网（IT用語） hùliánwǎng 158
互相 hùxiāng 120
护士 hùshi 61
护照 hùzhào 76
花（儿）（名詞） huā(r) 16
花（動詞） huā 33
花茶 huāchá 16
花园 huāyuán 71
滑冰 huábīng 37
滑雪 huáxuě 37
华为 Huáwéi 159
画 huà 99
怀疑 huáiyí 91
坏 huài 40
欢迎 huānyíng 33
环境 huánjìng 76
还 huán 33
换 huàn 99

Z

表紙・本文デザイン：メディアアート

中国語基本単語帳　増補版

検印省略

2024 年 1 月 31 日　増補版発行

編著者　尹景春・宇野和夫・小川利康・中村みどり

発行者　小　川　洋 一 郎

発行所　株式会社　朝 日 出 版 社

〒 101-0065 東京都千代田区西神田３－３－５

電話（03）3239-0271・72（直通）

振替口座　東京　00140-2-46008

組版・印刷　倉敷印刷

ISBN 978-4-255-45395-8 C1087